METAVERSO E WEB 3.0

QUE MUNDO É ESSE?

FERNANDO SOUZA

METAVERSO E WEB 3.0
QUE MUNDO É ESSE?

A EVOLUÇÃO DO MARKETING DIGITAL
AO METAMARKETING

© 2022 - Fernando Souza
Direitos em língua portuguesa para o Brasil:
Matrix Editora
www.matrixeditora.com.br
/MatrixEditora | @matrixeditora | /matrixeditora

Diretor editorial
Paulo Tadeu

Capa
Nicolas Azobrab

Projeto gráfico e diagramação
Patricia Delgado da Costa

Preparação de texto
Maurício Oliveira

Revisão
Cristiane Fogaça
Silvia Parollo

CIP-BRASIL - CATALOGAÇÃO NA PUBLICAÇÃO
SINDICATO NACIONAL DOS EDITORES DE LIVROS, RJ

Souza, Fernando
Metaverso e Web 3.0: que mundo é esse? / Fernando Souza. - 1. ed. - São Paulo: Matrix, 2022.
144 p.; 23 cm

ISBN 978-65-5616-266-9

1. Marketing na Internet. I. Título.

22-79197   CDD: 658.872
                            CDU: 658.84:004.738

Gabriela Faray Ferreira Lopes - Bibliotecária - CRB-7/6643

SUMÁRIO

1. Uma revolução em andamento 11

2. Para quem é este livro? 21

3. Marketing, um mundo em ebulição 26

4. Olhar para o passado é vislumbrar o futuro 38

5. Os pilares, hoje e amanhã 50

6. Como navegar por esse mundo 84

7. Assim caminha a Web 131

8. Quem sou eu? 134

Dedico este livro à minha filha,
Maria Tereza, que, mesmo muito pequena,
já é apaixonada pela leitura.
Ela me derrete de emoção cada vez que
se senta no sofá, bate suas mãozinhas e diz:

– *Quélo lê, papai, vamosssszz, papai, vem, vem!*

AGRADECIMENTOS

Obrigado a Deus por iluminar meu caminho, pois tudo que Ele me deu nenhum dinheiro seria capaz de comprar.

À minha família, que, em toda a minha trajetória, sempre com muito amor e carinho, fez de tudo para me ajudar no que fosse preciso.

Ao meu pai, Caetano, que, mesmo não estando aqui no mundo físico para celebrar esta conquista comigo, certamente está olhando por mim com muita felicidade.

À minha mãe, Graça, sempre muito dedicada, que nos momentos mais difíceis chegou a varar a madrugada na porta de uma escola para defender uma matrícula, pois sempre acreditou que os estudos são a base de tudo.

À minha tia Lurdes, que me apoia como se fosse um filho. No início da carreira, quando ligava perguntando se poderia almoçar na casa dela, sempre me recebia com um sorriso. Até hoje isso acontece. Adoro a comida e os papos com ela.

E, especialmente, ao meu amor, Rosangela, mãe da Maria Tereza, amiga, esposa e companheira, que há muitos anos tem me agraciado com seu amor e apoio incondicional.

Agradeço também aos meus amigos, pelo apoio e incentivo, e aos meus clientes, por contribuírem, no dia a dia, com desafios e caminhos que fazem parte da minha trajetória. Por fim, é claro, aos milhares de alunos, um grande orgulho e inspiração, a quem dediquei o melhor de mim com o objetivo de contribuir um pouquinho para a trajetória de cada um.

Muito obrigado a todos que acompanham a minha vida pessoal e profissional e me motivam a seguir em frente, com energia para sempre fazer algo novo.

Que a conquista representada por este livro seja uma amostra da minha gratidão a todos vocês.

1

UMA REVOLUÇÃO EM ANDAMENTO

O título deste livro chama a atenção para uma mudança que transformará as nossas vidas, ainda que vá ocorrendo sutilmente e a maioria de nós sequer perceba com clareza o que está acontecendo. Quando nos dermos conta, estaremos irremediavelmente dentro da Web 3.0 e do Metaverso, mergulhados em um novo e revolucionário mundo.

A melhor comparação para entender como se dará esse processo é lembrar como foi a transição dos desktops para o *mobile*. Não houve um marco claro, do dia para a noite. O que houve foi um processo gradual que levou as pessoas a passarem cada vez mais tempo resolvendo coisas, comunicando-se com outras pessoas ou se divertindo no celular, simplesmente porque esse se tornou um ambiente interessante e rico em alternativas.

Quando as pessoas já estavam fazendo muitas coisas diferentes pelo celular, acabaram transferindo para esse ambiente até atividades que pareciam mais confortáveis de executar no notebook, como checar e responder a e-mails. Afinal, o celular já estava sempre à mão, pronto para ser utilizado a qualquer momento, especialmente em brechas curtas durante o dia.

Em 2010, quando o *Google* anunciou que sua estratégia seria *Mobile First* – ou seja, prioridade para o *mobile* –, foi uma mudança de paradigma. Afinal, àquela altura, a maior parte dos usuários ainda preferia o uso de desktops. Quatro anos depois, no entanto, o número de usuários *mobile* no mundo ultrapassou o de usuários de desktop, como mostra o gráfico a seguir:

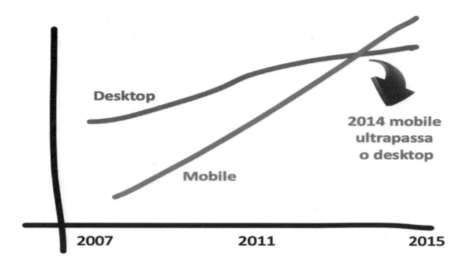

Essa mesma lógica será aplicada à Web 3.0, a evolução da Internet, e ao Metaverso. Nesse ambiente virtual será possível fazer compras, comunicar-se com outras pessoas e se divertir – ou seja, tudo que fazemos hoje pelo celular, só que de forma bem mais imersiva.

Em vez de ir ao shopping ou entrar num site para comprar uma roupa, será possível colocar os óculos de realidade virtual e "comparecer" à loja com seu avatar, experimentar a roupa exata para as suas medidas e ver como ficou. Será um processo semelhante ao presencial e muito mais interessante do que ocorre hoje nas compras on-line.

Ao sair da loja, você poderá ir a uma reunião de trabalho, e depois passar algum tempo num emocionante jogo de ação, antes de encontrar amigos para a *happy hour*. Tudo isso sem sair do Metaverso.

Nesse meio tempo, se quiser checar e responder a e-mails, você certamente resolverá dali mesmo, assim como hoje você não deixa o *mobile* para ir ao *desktop* apenas para checar os e-mails.

Só no período entre o início de 2020 e junho de 2021, a taxa de usuários ativos do Metaverso foi multiplicada por dez. Projeta-se que, até 2027, o usuário médio passará pelo menos uma hora por dia no Metaverso, para fins de trabalho, compras, educação, socialização e entretenimento.

Uma hora pode parecer pouco, mas você deve lembrar que o celular também começou assim, gradualmente, e hoje praticamente não largamos o smartphone ao longo do dia. Esse processo se dará provavelmente com intensidade ainda maior, pois os apelos do novo ambiente serão ainda mais irresistíveis e sedutores.

Até o fim de 2027, 30% das instituições do mundo já terão produtos e serviços no Metaverso, com migração de boa parte da publicidade, pois a expectativa é de que esse novo ambiente domine as interações entre marcas e consumidores. Teremos uma mudança completa de hábitos como resultado da fusão entre o físico e o virtual.

Estamos falando de um mercado que já nasce com a expectativa de movimentar mais de R$ 4 trilhões nos três primeiros anos. Esse número evidencia o quanto o Metaverso precisa entrar para o planejamento das empresas o mais breve possível.

Embora seja muitas vezes citado no singular, o *Metaverso* não é um único lugar, e sim vários.

Trata-se de um ecossistema de mundos virtuais imersivos, ou seja, múltiplas plataformas em busca de usuários. Para isso, cada plataforma oferecerá atrativos diversos, como jogos, experiências, shows, informação, comércio e uma quantidade enorme de atividades.

A expectativa é de que essas atividades se concentrem inicialmente em entretenimento, para que depois sejam ampliadas para o campo profissional e outras áreas da vida, como educação e saúde.

Usar a transição dos desktops para o *mobile* como exemplo ajuda o público mais jovem a entender a dimensão da revolução em andamento, mas outra comparação possível seria com o próprio surgimento da Internet. Se você não viveu essa experiência, não se preocupe, a gente recapitula.

Quando a Internet começou a se tornar disponível para os brasileiros, em meados da década de 1990, as pessoas não tinham muita noção de que aquele ambiente transformaria para sempre as nossas vidas. No começo, era algo que fazia parte da "vida normal". Entrávamos apenas por algum tempo na Internet – pouco, a propósito – porque a conexão era discada e a cobrança se dava por minuto. Sim, talvez você nem saiba disso, mas no início pagava-se por minuto para usar a Internet!

Nesse período, hoje classificado como Web 1.0, entre 1995 e 2005, a Internet era basicamente composta por um conglomerado de páginas estáticas, com muito texto e poucos gráficos. Boa parte desse conteúdo era controlada por grandes empresas, já que era necessário muito conhecimento técnico para publicar um site ou qualquer outra coisa na rede.

Os sites eram construídos de maneira básica e as pessoas "navegavam" com o propósito principal de ler textos. O que hoje pode soar como tedioso era uma novidade fantástica, disruptiva e encantadora: ter a oportunidade de acessar gratuitamente, de casa, uma quantidade enorme de conteúdo, em diversos idiomas.

Até então, algo semelhante só era possível quando se ia a uma biblioteca, e ainda assim dependíamos de seu acervo físico. Com a Internet, o mundo se tornaria gradualmente um grande acervo de conhecimento à nossa disposição.

Nos primeiros anos, as pessoas comuns enfrentavam muitas dificuldades para publicar qualquer coisa na Internet. Assim, o início do marketing digital reproduzia a lógica já conhecida da mídia tradicional: as mensagens eram enviadas em mão única pelas empresas com mais recursos financeiros.

Só conseguia superar essas barreiras quem entendia de hospedagem, de servidores, de registros de domínios. Mergulhei no desafio desse aprendizado e comecei a desenvolver meus primeiros sites na virada do milênio. Devo ter registrado os primeiros domínios para clientes por volta de 2001.

Mesmo sendo tudo muito "quadradão", era encantador montar uma página no *Front Page* ou no bloco de notas e usar um recurso para o texto se mexer ou piscar. Era a mágica da Internet!

Um momento que se tornou marcante para mim foi o do registro do meu primeiro site pessoal com domínio próprio, em 2003. Só não foi um dos meus primeiros domínios porque, no início, era preciso

Domínio **fernandosouza.com.br**

TITULAR	Fernando Souza
PAÍS	BR
CRIADO	25/07/2003

ter CNPJ para realizar o processo no Brasil. Tive que pedir o CNPJ de um amigo para conseguir fazer o registro, antes que alguém com o mesmo nome, tão comum, o fizesse.

Outra revolução ocorreu quando o uso da Internet passou a ser livre em relação ao tempo de permanência na rede, por causa do barateamento da tecnologia e de um novo modelo de cobrança. Esse foi um dos marcos da transição para a Web 2.0, que é a Internet que usamos até hoje, consolidada a partir de 2005. Nesse período, tivemos também outro grande avanço, o desenvolvimento dos mecanismos de buscas – antes, as procuras precisavam ser feitas por intermédio de diretórios.

Nessa nova fase, começamos a falar também sobre conteúdo gerado pelo usuário. As tecnologias desenvolvidas a partir daí passaram a valorizar a experiência das pessoas, a dar mais poder e autonomia para que ninguém precisasse ser técnico ou ter conhecimento de programação para conseguir publicar algo na rede.

Multiplicavam-se as experiências de socialização, limitadas inicialmente a aplicativos de bate-papo, como *mIRC*, *MSN* e *ICQ*. Aliás, eu lembro até hoje do meu *Unique Identification Number* (UIN) do *ICQ*: 117965342. Não havia login, *nickname* ou nome de perfil – apenas esse número, que funcionava como passaporte para passar as noites batendo papo (veja que não é de hoje que ficamos horas e horas na Internet).

Logo surgiram as salas de bate-papo, disponibilizadas pelos grandes portais, embriões das redes sociais. Lançado em 2004, o *Orkut* rapidamente se tornou uma febre no Brasil, enquanto em outros países a preferência recaiu sobre o *MySpace* e o *Facebook*, que mais tarde se tornaria predominante também por aqui.

Para muita gente, entrar nas redes sociais proporcionou o primeiro contato com a Internet. Podemos dizer, de forma geral, que foi no *Orkut* que os brasileiros aprenderam a interagir e a socializar na Internet.

Com o tempo, o *mobile* foi ganhando força, impulsionado por plataformas que deram mais praticidade à vida, como *iFood*, *Airbnb*, Mercado Livre, *Uber*, *WhatsApp* e tantas outras que, provavelmente, você deve passar horas utilizando em seu celular.

Toda essa movimentação consolidou os gigantes *Facebook* e *Google*, além de várias outras empresas que oferecem uma grande quantidade de serviços supostamente "gratuitos" – hoje sabemos que não é bem assim, pois o pagamento se dá com as informações que fornecemos, conscientemente ou não.

A concentração representada por esses grupos gigantescos, que logo chegaram ao topo da lista das empresas mais valiosas do planeta, tornou-se uma grande preocupação. Afinal, a expectativa trazida por uma rede mundial aberta era justamente a inversa: reforço da democracia e ampliação da diversidade de opiniões.

É nesse contexto que surge a Web 3.0, com a promessa de proporcionar uma experiência realmente imersiva e descentralizada. Espera-se que seja o caminho, também, para devolver algum nível de privacidade aos usuários, um dos problemas mais fortemente associados à Web 2.0.

Isso será possível graças às infraestruturas *cripto* e *blockchain*. Não por acaso, o termo Web 3.0 surgiu com Gavin Wood, cofundador do *Ethereum*, plataforma capaz de executar contratos inteligentes e aplicações descentralizadas utilizando a tecnologia *blockchain*.

Criado em 2015, o *Ethereum* despontou como uma das grandes infraestruturas para o futuro digital que se vislumbra, pois viabiliza a vinculação de muitos tipos de aplicativos descentralizados. Além da moeda *Ether*, permite contratos inteligentes e muitos tipos de autenticações.

A perspectiva é de que, por meio do *blockchain*, nossos serviços, páginas web, sites e mais uma infinidade de elementos sejam autenticados e assegurados por uma rede de computadores interligados e descentralizados, sem censura, controle ou restrições por parte de uma única instituição. Em alguns anos, devemos estar colocando arquivos ou fotos em uma plataforma descentralizada, e não mais no *Dropbox*, *Google Drive* ou *One Drive*, como fazemos hoje.

Aliás, há um fato curioso envolvendo outro cofundador do *Ethereum*, Vitalik Buteri. Uma das motivações iniciais dele foi ter pedido um item do jogo *World of WarCraft* que ele havia levado anos para conquistar e não conseguiu recuperar. Esse episódio deixou claro, para ele, que as empresas poderiam fazer o que bem entendessem com os ativos dos usuários. Se pensarmos bem, é um risco que todos corremos com nossos e-mails, arquivos, fotos, seguidores, inscritos etc. Permanecemos, de certa forma, reféns das grandes corporações.

Vivemos em uma casa alugada. Temos apenas uma falsa sensação de que os seguidores são nossos, pois, no momento em que a plataforma quiser, ela pode simplesmente retirá-los.

Esse é, a propósito, um dos grandes paradigmas da mudança: para que tudo funcione por meio de código aberto e *peer-to-peer* (ponto a ponto), a Web 3.0 tem que ser baseada na ideia de "confiança direta". Ou seja, o foco não estará mais no porte das organizações, e sim na tecnologia e no algoritmo, com cada pessoa conectada compondo um nó de autenticação.

Gradualmente, boa parte dos nossos ativos digitais sobre os quais temos apenas a sensação de posse (fotos, seguidores, inscritos e qualquer elemento que tenhamos conquistado de alguma forma), provavelmente serão realmente "nossos" e intercambiáveis, com a possibilidade de trocarmos, vendermos ou colecionarmos.

Além de fazer com que os usuários realmente "possuam" algo em suas redes sociais, a utilização do *blockchain* em sites e plataformas que fazem parte do dia a dia de boa parte das pessoas facilitará o comércio e a transferência de valores.

> A Web 3.0 é uma reinvenção da forma de utilizar a Internet, mas não representa uma simples substituição da Web 2.0 – é mais como uma nova camada que a complementa.

Quando comparamos a provável evolução do Metaverso com o processo de transição para o *mobile*, é importante lembrar que não foi o primeiro smartphone que conquistou a adesão maciça do mercado. Lembro bem que os primeiros celulares *touch* com telas flexíveis eram horríveis de usar. No final, o mercado foi dominado não pelas empresas que chegaram primeiro, mas por aquelas que construíram os melhores produtos.

No Metaverso, estamos vendo uma corrida para chegar antes, com o desenvolvimento de várias plataformas. Mais uma vez, no entanto, o diferencial certamente acabará sendo o de atender melhor às necessidades do público.

Uma característica fundamental das plataformas deve ser a interoperabilidade. Por isso, há uma grande mobilização para definir parâmetros para esse novo universo. *Meta* (o novo nome do grupo proprietário do *Facebook*, inspirado justamente no Metaverso), *Microsoft* e outras gigantes da tecnologia formaram uma espécie de consórcio, o *Metaverse Standards Forum* (MSF), com o objetivo de estipular referências básicas para que os mundos digitais desenvolvidos por essas grandes corporações tenham compatibilidade entre si.

No entanto, por mais que as empresas tentem estabelecer caminhos, sabe-se por experiências passadas que o público vai definindo usos que não necessariamente são aqueles imaginados por quem desenvolve as tecnologias. Quando a Internet surgiu, sempre se recorria ao exemplo de que seria possível passear pelos melhores museus do mundo sem sair de casa. Na realidade, isso não se concretizou. Você conhece alguém que frequenta museus virtualmente? Eu não conheço. Conhece alguém que frequenta sites de fofoca? Conheço muita gente!

É provável que os primeiros usos do Metaverso recaiam especialmente no universo pop de entretenimento e diversão. Tudo bem que seja assim, já que, historicamente, locais que oferecem entretenimento logo se tornam promissores para a publicidade e a compra de mídia paga. Vimos isso acontecer com o jornal, o rádio, a TV e a Internet. Não será diferente com o Metaverso.

Aos poucos, vamos descobrindo outros usos relacionados a facilitar ou tornar mais agradáveis processos como reuniões de trabalho, visitar um imóvel para alugar e fazer compras, de forma leve e imersiva.

A Web 3.0 e o Metaverso provocarão mudanças enormes nos mais diversos aspectos da vida e campos do conhecimento. Certamente há inúmeras questões filosóficas, sociológicas, históricas, comportamentais envolvidas, entre tantas outras abordagens possíveis. Muitas oportunidades de trabalho surgirão para profissionais da moda, da arquitetura, dos eventos, do design de produtos e de várias outras áreas.

Este livro não tem a pretensão de tratar do tema de forma tão abrangente, e sim dentro do recorte definido pelo subtítulo, minha área de especialidade: "a evolução do marketing digital ao metamarketing".

Como todas as demais áreas, o marketing será profundamente modificado pela revolução em andamento. Assim como tiveram que descobrir como e o que fazer na Internet, e depois como e o que fazer no ambiente *mobile*, as empresas estão agora diante do desafio de entender como e o que podem fazer na Web 3.0 e no Metaverso.

O *metamarketing* será uma consequência inevitável do Metaverso, assim como o marketing digital foi uma consequência inevitável da Internet. Da mesma forma que o marketing digital fez surgir novas estratégias, como *Inbound Marketing* (Marketing de Atração) e influenciadores, além de novos perfis de consumo, o mesmo ocorrerá com a Web 3.0 e o Metaverso, e provavelmente de forma ainda mais intensa.

Com o público progressivamente mais diverso, segmentado e exigente, composto por uma alta parcela de nativos digitais – que já cresceram mexendo com a Internet e esperam ofertas personalizadas e entregas customizadas –, o caminho entre chegar a um cliente em potencial e converter a venda será mais complexo.

Esse processo de "convencimento" incluirá não apenas uma expectativa positiva em relação ao produto em si, mas passará também pela identificação do cliente com os propósitos da marca e com as experiências associadas a ela.

Podemos dizer que, com o *Metaverso*, estamos iniciando para valer a era do Marketing de Experiência.

É preciso engajar e gerar identificação – e isso não poderá ser feito apenas com discurso, como muitas vezes ocorria no marketing tradicional. As estratégias precisarão utilizar, com habilidade, as infinitas possibilidades e os recursos proporcionados pela Web 3.0 e o Metaverso.

Muitos consideram que o Metaverso será, simplesmente, o sucessor da Internet. Assim como muitas empresas surgiram para atuar exclusivamente na Internet e outras tantas tiveram que adaptar seus negócios para o mercado digital, projeta-se que o mesmo ocorrerá com o Metaverso.

Novas empresas surgirão exclusivamente para explorar esse novo mundo – e essas empresas terão potencial para alcançar o topo das mais valiosas do mundo, como ocorreu em poucos anos com as empresas nativas da Internet.

Para projetar as consequências desse processo e como os profissionais da área podem se preparar para esse futuro, é fundamental voltar alguns passos atrás e entender a evolução do marketing e o quadro geral que temos hoje. Este é o objetivo desta obra: olhar para a frente, mas sem deixar de contribuir para a construção do presente, o aqui e agora, como alicerce da transformação grandiosa e fascinante que viveremos.

2

PARA QUEM É ESTE LiVRO?

*"Se você não sabe para onde ir,
qualquer caminho serve."*

(Gato Cheshire disse para Alice, filosofando no País das Maravilhas)

Este livro foi pensado principalmente para ajudar quem já executa a estratégia de marketing digital em empresas ou agências prestadoras de serviços a ter uma visão mais ampla dessas atividades. A ideia é apoiar esses profissionais no presente e, ao mesmo tempo, prepará-los para o futuro – na realidade, esses dois tempos caminham juntos.

O futuro é hoje, porque o que a gente faz agora é o que define como vai ser o futuro.

Empreendedores, empresários, executivos e gestores em geral, mesmo aqueles que não colocam diretamente a "mão na massa" do marketing digital, também encontrarão conteúdo relevante aqui.

Um fato curioso, sobre o qual nem todos se dão conta, é que há também uma grande variedade de pessoas com formação nas mais diversas áreas que estão sendo atraídas para o digital e podem se beneficiar de conhecimentos mais específicos sobre o marketing: matemáticos, engenheiros, estatísticos e contadores vêm sendo recrutados para lidar com as métricas, por exemplo. Isso faz com que o mercado seja cada vez mais dinâmico, competitivo e multidisciplinar.

Estamos falando de uma carreira que exige uma grande dose de curiosidade e autodidatismo. Para trabalhar com marketing, sempre foi preciso buscar informações em cursos e obras fora da formação acadêmica. Espero que este livro ajude você a navegar por esse vasto oceano – o que certamente envolve muitos desafios, mas oferece um amplo horizonte.

É possível que você se depare, ao longo da leitura, com novos termos e conceitos. Não se preocupe, o universo digital é mesmo uma "sopa de letrinhas". Tenho o compromisso, no entanto, de tentar ser o mais didático possível. A ideia é sempre encontrar uma linguagem que contemple tanto os leitores que já conhecem bastante essa área quanto aqueles que estão numa fase mais inicial.

Como vivemos na era da tecnologia, com acesso a uma série de recursos com os quais nossos pais e avós sequer sonhavam, sempre é possível recorrer a fontes confiáveis indicadas pelo *Google*, esse fabuloso oráculo moderno. Fique à vontade, também, para me enviar uma mensagem, por meio do meu site ou das minhas redes sociais, listadas na última página do livro. Terei o maior prazer em responder à mensagem! Ou, quem sabe, a gente se vê no Metaverso!

Fica aqui o meu convite: use o QR Code para entrar em contato comigo!

Se quiser saber mais sobre mim agora, antes de seguir a leitura, dê um pulo no texto "Quem sou eu?", que está na parte final do livro. Ali eu conto como cheguei até aqui. Se está ansioso para seguir a leitura e prefere conhecer a minha trajetória depois, pode ser também! Na era da personalização, cada um escolhe como construir seu *storytelling*.

Quando comecei a imaginar este livro, pensei em dar minha contribuição a quem está planejando os próximos passos da trajetória profissional na área de marketing digital. Veio a pandemia de covid-19 e, enquanto as ideias para o livro iam amadurecendo, despontaram grandes novidades no mundo da Internet: a Web 3.0 e o Metaverso.

Por mais que o cenário e as ferramentas possam mudar, a motivação central desta obra continua a mesma: ajudar você a elevar a altura do voo, para que consiga observar o cenário de forma mais panorâmica.

Não se trata, por isso, de um daqueles manuais do tipo "como fazer", com uma série de dicas, truques e macetes práticos – mas que, no final das contas, dão uma sensação de vazio pela falta de reflexão e de aprofundamento sobre os porquês.

Nunca acreditei em fórmulas prontas e mágicas e acho que você também não deve acreditar. Estratégia e planejamento não são processos com receita preestabelecida. Se você quer criar um prato único, precisa conhecer os ingredientes e experimentar como misturá-los em busca de resultados inovadores.

Agir assim é, de certa forma, remar contra a maré, porque a maioria das pessoas que atua no marketing digital opta pela comida pronta, congelada, com fórmula padronizada e definida pelos outros. Essas receitas podem até trazer resultados em curto prazo, mas não se mostram sólidos e duradouros.

Inovar é para poucos, e é para os inovadores que este livro foi pensado. Pessoas que pretendem ser cada vez menos "apertadoras de botão" e mais estrategistas.

Essa transição exige um entendimento aprofundado, não apenas dos mecanismos práticos do marketing digital, mas também das teorias consolidadas em torno da área. Olhar para o passado é um fator fundamental para que consigamos entender o cenário atual e projetar o futuro – que, não sei se você reparou, tem chegado cada vez mais rápido.

Há vários autores clássicos do marketing que não podem ser esquecidos, pois muito do conhecimento construído por esses teóricos continua sendo relevante. Não seria o caso, no entanto, de fazer aqui uma profunda revisão das teorias de marketing ou de relembrar toda a trajetória da evolução tecnológica que nos trouxe até aqui. Esses conhecimentos são importantes, mas devem ser buscados na vasta literatura disponível.

A proposta deste livro é apresentar um conteúdo objetivo e prático, que possa ser imediatamente aplicado. Ao mesmo tempo, um conteúdo que não seja tão perecível, que não tenha validade apenas para o aqui e agora. Mesmo porque sabemos que há um grande volume de material on-line disponível. O foco aqui não é apenas oferecer um compilado de ferramentas, e sim propor caminhos para o conhecimento, a reflexão e o amadurecimento – além de projetar o que vem por aí.

Meu objetivo é apresentar um material de consulta que resista às mudanças mais corriqueiras dos recursos e ferramentas. Mesmo porque as ferramentas podem morrer, enquanto aspectos mais estruturais – com que público falar, como definir uma estratégia – continuarão sempre sendo relevantes, independentemente da ferramenta utilizada.

Para construir uma comunicação digital efetiva, é preciso entender mais de pessoas do que de ferramentas. Afinal, as pessoas não mudam tão rapidamente e tão drasticamente quanto a tecnologia.

Filósofos e pensadores antigos já ressaltavam o caráter de impermanência do mundo. Basta lembrar de frases como "nada é permanente, exceto a mudança" e "ninguém pode se banhar duas vezes no mesmo rio", ambas atribuídas a Heráclito, que viveu há mais de 2.500 anos.

Não sou filósofo, mas também criei uma frase que reflete sobre a velocidade das mudanças, drasticamente acelerada pelo mundo virtual. É uma frase que faz sucesso entre os meus alunos:

A contagem de anos na Internet deveria ser igual à idade dos cachorros: cada ano vale por sete.

Costumo falar essa frase logo no primeiro contato com a turma, pois é uma brincadeira que ajuda a quebrar o gelo. Se um aluno conta que fez um determinado curso há três anos, digo que, na verdade, isso equivale a 21 anos. E aí mando a frase para explicar o raciocínio.

À primeira vista, pode até parecer que há um certo exagero nessa proporção de sete por um, mas, pensando bem, nem tanto. Basta refletir sobre todos os avanços tecnológicos que ocorreram nos últimos dez anos e como a nossa vida mudou em decorrência deles.

Com a Web 3.0, teremos mudanças ainda mais significativas, principalmente com os avanços das realidades mistas. Teremos itens físicos e virtuais interagindo em tempo real, nas nossas mãos e diante dos nossos olhos. Nossos avós certamente passavam a vida inteira sem experimentar mudanças tão intensas como nós experimentamos em uma única década.

Considerando que o marketing digital está profundamente inserido nesse cenário de mudanças aceleradas, os meus mais de 20 anos de atividade na área equivalem a 140 anos! Por isso é tão importante ter conhecimentos bem fundamentados, já que, em pouco tempo, muitas ferramentas com as quais lidamos hoje serão moldadas de uma forma totalmente diferente ou até mesmo deixarão de ser usadas, substituídas por outras.

Basta uma rápida descrição de como era o mundo das *mídias sociais* na virada do milênio para entender que a sensação de que se passou um século desde então não é tão absurda. No ano 2000, as pessoas tinham blogs pessoais (que funcionavam como diários públicos), o *Flogão* e o *Fotolog* estavam no auge – eram sites para postar fotos, espécies de avós do *Instagram* – e todos tínhamos perfil no *Orkut*, pois o *Facebook* era ainda pouco conhecido no Brasil.

A lista poderia seguir com o *MySpace*, precursor das redes sociais, o já citado programa de comunicação instantânea *ICQ* e as famosas salas de bate-papo – que, num certo período, se transformaram numa mania, disponibilizadas em vários portais.

Todos esses recursos deixaram de existir ou perderam relevância por uma única razão: surgiram substitutos mais interessantes, mais tecnológicos, mais práticos, mais baratos – enfim, com uma soma de atrativos que justificavam o abandono da opção anterior.

Considerando-se esse histórico, é óbvio que as ferramentas atuais não têm nenhuma garantia de que continuarão sendo importantes daqui a três ou cinco anos. Sobreviverá quem conseguir se adaptar melhor às novas condições do meio ambiente, como já pregava Charles Darwin, no século XIX, com a *Teoria da Evolução das Espécies*. Com uma diferença crucial: o tempo que as empresas têm hoje para ganhar asas e aprender a voar é infinitamente menor do que aquele que os pássaros tiveram.

3

MARKETING, UM MUNDO EM EBULIÇÃO

Tudo que vivemos até agora tem sido um ótimo treinamento para nos deixar aptos ao *Metaverso*.

A forma como exercemos a socialização hoje é, em grande parte, decorrente das mudanças trazidas pela era digital.

Surgiram novas ferramentas para conhecer pessoas, trocar ideias e "jogar conversa fora", assim como nossos avós e pais tinham as praças, os clubes ou, simplesmente, as cadeiras colocadas na frente de casa para um bom papo com os vizinhos.

A proposta inicial das mídias sociais era manter as pessoas mais conectadas, e muita gente tem alcançado esse objetivo de forma genuína e produtiva. Certamente há quem tenha aprofundado as relações e ampliado a rede de contatos graças ao universo digital.

Entretanto, a maioria ainda não conseguiu desfrutar de todo esse potencial. Embora exista a possibilidade de trocar informações instantâneas com um grande número de contatos, para muitas pessoas as relações construídas no ambiente virtual parecem ser, em geral, mais superficiais e menos empáticas do que as relações de "antigamente".

Se voltarmos bastante no tempo, vamos lembrar que, antes da invenção e da popularização do telefone, a única forma de se comunicar com quem estava geograficamente distante eram as cartas. Essa atividade envolvia uma boa dose de dedicação. As pessoas se preocupavam em contar detalhes do cotidiano, em saber realmente como ia a vida do outro – até para aproveitar bem em oportunidade, pois enviar uma carta consumia um bom tempo e custava algum dinheiro.

As relações eram construídas com mais cuidado e com um senso de seleção mais apurado. Se hoje é normal ter 500 conexões numa rede social, a troca de cartas envolvia uma rede bem menor de contatos. O nível de profundidade das relações entre um e outro momento se define, assim, pela simples matemática: se você tem dez horas por semana para se dedicar aos relacionamentos de amizade, isso resulta em pouco mais de um minuto por pessoa quando você divide esse tempo por 500 pessoas, e em uma hora por pessoa se forem dez pessoas.

Hoje, em tempos de relações líquidas – para evocar o conceito criado pelo filósofo e sociólogo polonês Zygmunt Bauman (1925-2017) –, tudo é muito mais rápido e superficial. O e-mail não exige o mesmo ritual de uma carta, e ninguém mais tem tanto tempo sobrando quanto antigamente.

Aliás, muitos jovens nem sequer utilizam e-mails, por considerá-los "burocráticos demais", optando por alternativas como as mensagens instantâneas do *WhatsApp*. Resta saber como iremos responder às mensagens num mundo imersivo, no qual o tempo continuará escasso – talvez nos projetando como hologramas, como no filme *Minority Report*.

Hoje, as conversas nas mídias sociais têm um alto poder de reverberação, para o bem e para o mal. São uma grande vitrine para ampliar o que é bom e o que é negativo.

Isso impacta tanto as pessoas e usuários "comuns" quanto as marcas. Eu poderia encher páginas e páginas deste livro dando exemplos, mas isso não é necessário, pois você certamente conhece histórias de pessoas ou empresas que se deram muito bem ou se deram muito mal por causa da repercussão de seus atos na Internet.

Em busca dessa amplificação, um dos caminhos mais adotados pelas empresas nos últimos anos é optar pela contratação de *influencers* para divulgar produtos ou fazer parcerias pagas. Muitos desses *influencers* se destacaram por contas de blogs, outros pelo *Instagram*, outros ainda pelo *YouTube*. Os que permaneceram relevantes investiram pesado no empreendimento – entenderam o público, encontraram diferenciais e planejam o conteúdo a partir disso.

Aliás, há uma tendência que vem sendo adotada no mercado que é a substituição do termo *influencer* por *creator*. Feita essa ressalva, continuarei usando daqui em diante o termo *influencer* ou o seu correspondente em português, "influenciador", por considerá-los mais conhecidos no momento em que escrevo o livro.

Os *YouTubers* que se destacam atualmente têm um esquema extremamente profissional de produção, com equipes numerosas envolvidas. São negócios que, em alguns casos, se tornaram mais estruturados do que produtoras de filmes publicitários convencionais.

Quando vemos um grande influenciador, estamos, na verdade, vendo uma figura pública que representa uma empresa produtora de conteúdo baseada em sua própria marca pessoal. A missão desse profissional é tornar o conteúdo de tal forma leve que pareça natural para os seguidores.

A nova geração de grandes influenciadores certamente envolverá a utilização de meta-humanos e avatares. Há várias vantagens nisso, como a possibilidade de estar em vários lugares ao mesmo tempo e não "envelhecer". Outro ponto importante é que essas versões digitais não ficam esgotadas em razão do excesso de trabalho, como está ocorrendo com tantos *influencers*, acometidos de males como depressão e *burnout*.

As ferramentas podem mudar, mas, no final das contas, estamos falando de uma relação clássica de contratação de um veículo de comunicação, baseada em princípios semelhantes aos que ocorrem em relação a uma revista, um jornal ou uma emissora de TV.

Vemos na Web 2.0 que o grande desafio para as marcas é lidar com a mudança de comportamento do público. Agora as pessoas têm voz. E uma voz instantânea, sem barreiras. Em questão de minutos, um grito pode se transformar em um coro com milhares de outras vozes.

Esse cenário aumentou a responsabilidade e os riscos para as marcas. Tornou-se essencial ter agilidade e transparência nas respostas. O que antes era uma comunicação de mão única virou mão dupla. Antes a marca falava, e o público simplesmente ouvia. Agora é preciso dialogar, e esse diálogo deve se intensificar cada vez mais com a Web 3.0 e o Metaverso.

Essa necessidade envolve a expectativa do público por um conteúdo de marketing informativo e consistente. Não bastam mais apenas palavras de autoelogio. Além de dizer que é a melhor, uma marca precisa argumentar, convencer, comprovar o que está afirmando.

Além do conteúdo, outro fator de complexidade são as variações de formato das peças publicitárias. É só pensar na grande variedade de modelos de *banners* para sites. Cada uma dessas possibilidades precisa de adaptações no design. Uma campanha pode exigir, assim, o desenvolvimento de dezenas de peças.

Com a chegada do Metaverso, vamos precisar não apenas de desdobramentos de peças; em alguns casos, será preciso investir na própria construção do Metaverso. Assim como no início da Web social era comum criarmos blogs e redes sociais próprias, provavelmente passaremos por um estágio em que teremos a função de *Metaverse Designer* como crucial para gerar experiência para os usuários.

A empresa precisa transformar o que as pessoas postam, dizem e curtem em informações úteis para suas estratégias de marketing – afinal, como dizem por aí, "os dados são o petróleo do novo milênio". É um desafio colossal, considerando-se o volume progressivamente maior de informações e de opiniões que circulam a cada dia.

Não por acaso, as maiores corporações da atualidade são aquelas que trabalham com informações, como o *Google* e o *Facebook*. Tornou-se possível, para qualquer empresa, definir públicos-alvo bem específicos: mulheres com idade entre 40 e 45 anos que viajaram para Salvador nos últimos seis meses ou homens de uma determinada cidade que gostam de gatos, por exemplo.

O potencial da análise maciça de dados é tão grande que o tema se tornou protagonista em eleições. Isso pode ocorrer de forma tão sutil que as pessoas sequer se dão conta. Um exemplo: ao responder a um quiz aparentemente inocente sobre um assunto corriqueiro, do tipo "Se você fosse um cachorro, qual raça seria?", a pessoa pode estar oferecendo informações relevantes sobre o seu perfil ideológico e político, ou suas preferências de consumo.

Esse tipo de mecanismo foi descrito em detalhes no excelente documentário *Privacidade Hackeada* (2019), que mostra como a empresa de análise de dados *Cambridge Analytica* obteve informações de milhões de pessoas e utilizou esse manancial para influenciar a escolha de Donald Trump para a presidência dos Estados Unidos.

Como muitos de nós já sabemos amplamente, as mídias sociais produzem um grande número de informações sobre os usuários. Tudo que a pessoa escreve, comenta e curte é analisado em algum nível, a exemplo da identificação automática de termos e palavras-chave.

Atualmente, essa análise "geral" inclui até o que é escrito de forma supostamente privada em aplicativos, como o *WhatsApp*. E o que é dito também: os áudios passam, igualmente, por análises.

Os sistemas vêm se tornando sofisticados a ponto de interpretar semanticamente as frases. Se em algum momento a pessoa escreveu ou falou "adoro café", é colocada num grupo (tecnicamente chamado de *cluster*) de apreciadores dessa bebida. Então ela pode passar a receber informações e anúncios relacionados a café.

Tudo isso é feito, supostamente, com o objetivo nobre de conhecer melhor o usuário e melhorar sua experiência. É óbvio, entretanto, que informações tão detalhadas sobre cada pessoa são uma mina de ouro para quem as possui. Afinal, tudo que as empresas querem é atingir o seu público-alvo da forma mais rápida e eficaz.

Empresas e anunciantes podem obter benefícios a partir dessa nova realidade, mas as pessoas também. Muitas ficam felizes quando são contempladas com conteúdo e ações de marketing voltadas às suas preferências e necessidades.

Todas essas estratégias de aproximação que as empresas utilizam levam em conta que o ambiente das mídias sociais é de grande disputa por atenção. Como se não bastassem todos os contatos com os quais interagimos de alguma forma no *mobile* – nem que seja apenas vendo fotos –, há ainda uma infinidade de marcas querendo dialogar com as pessoas, buscando vender produtos, ou pelo menos tentando nos convencer de que são bacanas o suficiente para que sejam consideradas em futuras decisões de compra.

Esse é, inclusive, um dos pontos que mais geram expectativa sobre o Metaverso: que poderemos ter um ambiente com menos publicidade, assim como um dia a TV por assinatura foi uma fuga para quem não queria ver propaganda. Hoje sabemos que foi questão de tempo para que o modelo não se sustentasse sem anúncios.

Por mais que o dia a dia mergulhado no celular já esteja normalizado, e praticamente todas as estratégias de marketing digital incluam publicações nas *mídias sociais*, vale lembrar que isso exige todo um esforço para dialogar. Afinal, trata-se de um ambiente que tem como premissa a construção de relações.

Assim, se as *mídias sociais* mudaram significativamente as nossas vidas como pessoas físicas, o impacto para as marcas talvez tenha sido até maior. E tudo indica que, com a Web 3.0 e o Metaverso, esse impacto deverá se intensificar ainda mais.

É mais um passo na evolução desde a época, como já mencionei, em que toda a comunicação com o público se dava em via única – a empresa apenas mandava uma mensagem, fosse numa página na revista, numa propaganda na TV, num outdoor, fosse nas embalagens dos produtos. Com isso, havia uma grande proteção das marcas em relação à opinião pública.

Quem não gostasse de alguma coisa tinha que procurar o Serviço de Atendimento ao Consumidor (SAC) da empresa – numa época, aliás, que nem todas ofereciam esse serviço. Um consumidor insatisfeito teria grandes dificuldades para tornar pública a sua insatisfação com uma marca, a não ser no boca a boca, contando para os amigos e esperando que passassem a história adiante.

As mídias sociais representaram uma ampliação, em alcance e velocidade, do tradicional boca a boca. Se antes uma pessoa comentava com cinco ou dez pessoas que estava feliz com o corte de cabelo, agora ela pode alcançar centenas ou milhares em pouquíssimo tempo, postando um elogio acompanhado de foto ou um vídeo no *TikTok* ou no *Twitter*, fazendo um *Reels* ou *Stories*, replicando o mesmo conteúdo no *Facebook* ou no *Instagram*.

Se o tema alcançar um nível mais amplo de interesse e os amigos começarem a compartilhar, pronto: a postagem *viraliza*, palavrinha que já envelheceu, mas ainda faz brilhar os olhos de *influencers* ou dos candidatos a *influencer*.

Isso se aplica tanto para o bem quanto para o mal. Vou usar, como metáfora, a vitrine de uma loja. Quanto maior for, mais chamará a atenção do público e contribuirá para as vendas. Em contrapartida, maior será também a área para que joguem pedras.

Por isso, independentemente da plataforma, seja ela da Web 2.0 ou da Web 3.0, é fundamental pensar na construção de relacionamento, de diálogo, de proximidade com os clientes, para ampliar o alcance de forma orgânica e em sintonia com o público-alvo.

Para trabalhar com Marketing Digital, é preciso curiosidade e mente aberta. Só estruturas muito complexas terão alguém específico para apertar um único parafuso.

Preconceitos e opiniões preconcebidas são um veneno para profissionais que lidam com as mídias digitais. Estou falando de posturas do tipo "não ouço esse tipo de música", "nunca jogo e nem jogarei on-line", "não assisto isso", "essa tecnologia não vai dar em nada", "não faço a menor ideia de quem é esse sujeito". Se o público se interessa, é preciso conhecer e entender.

Quem vai trabalhar num e-commerce de esportes, por exemplo, tem que saber o que está acontecendo na área, conhecer os protagonistas, mesmo que pessoalmente odeie futebol e não tenha maior ligação com outras modalidades esportivas.

Como será possível criar um meme em pouquíssimo tempo, para aproveitar uma oportunidade, se a pessoa não entende direito o que está rolando e desconhece os personagens envolvidos? Isso vale para quem vai trabalhar diretamente na criação do conteúdo, mas também para quem tem a missão de aprová-lo. Será cada vez mais essencial para qualquer profissional do marketing digital, envolvido na transição para o *metamarketing*, informar-se sobre novos comportamentos e demonstrar disposição para testar novas ações e plataformas.

Observa-se a disseminação do conceito de "carreira em T" (também conhecida como *T-shaped*). Nela, o profissional parte de uma especialização que o norteia, mas desenvolve capacidades multidisciplinares em áreas correlatas. Assim, por exemplo, analisar o comportamento do consumidor ou estruturar diagnósticos são habilidades cruciais para o bom andamento dos projetos de marketing.

Muita gente interpreta essa diversidade de atribuições como "exploração", mas o fato é que, na maioria das estruturas de marketing, não existe mais o conceito de superespecialização. Salvo casos raros, ninguém se dedica a cumprir a mesmíssima tarefa o tempo todo. É preciso agir como aquele artista circense que gira vários pratos ao mesmo tempo e não pode deixar nenhum deles cair.

Entre tantos pontos que precisam ser equilibrados, os profissionais do marketing vivem sob a pressão de fazer mais com menos. Essa expectativa foi amplamente impulsionada desde o advento da Internet. Como tudo pode ser mensurado em detalhes, entende-se que as ações devem ser mais precisas, envolvendo o mínimo de desperdício.

Quando chegou a Web 2.0, vimos que, além de terem sido reduzidas, as verbas de propaganda se diluíram por uma quantidade muito mais ampla de canais. Com o público cada vez mais segmentado, anunciar apenas em grandes veículos foi se tornando uma estratégia gradualmente ineficaz. Com isso, o modelo de marketing e propaganda teve que mudar drasticamente – e muito da receita das agências vinha dessa relação com os grandes veículos, pois a remuneração se dava por comissão nos investimentos em mídia dos clientes.

A mídia física – jornais, revistas, outdoors – passou a sofrer muito com a pressão dos clientes, pois esses casos envolvem custos com papel, gráfica, funcionários, transporte, entre outros. Comprar um anúncio numa revista segmentada normalmente gerava um custo alto e pouca capacidade de mensuração.

Com o cenário que se aproxima, a situação dos veículos de notícias com perfil mais tradicional deve se agravar ainda mais. Afinal, mesmo depois de mais de duas décadas de Internet, muitos deles ainda não conseguiram encontrar um modelo sustentável, por falta de visão e de atenção aos números. E agora vem uma nova onda forte.

Para muitas marcas, investir nos influenciadores tornou-se uma alternativa para atingir um público mais amplo com o mesmo investimento. Assim, os *influencers* foram tomando gradualmente o papel das revistas, recebendo a fatia dos investimentos voltados à comunicação de nicho.

As agências tiveram que se reinventar. O trabalho se tornou mais "picotado" e focado em resultados, com a necessidade de justificativa detalhada dos gastos, o que nem sempre ocorria no período de "vacas gordas".

Uma das vantagens que ganhamos com a mídia digital é a agilidade para ajustar a campanha em tempo real, dependendo do acompanhamento dos resultados. Isso também tem representado, no entanto, mais trabalho para as agências e equipes internas de marketing. Antes, criava-se o anúncio para a revista e pronto. Agora, está tudo "vivo" e passível de ajustes.

E essa deve ser uma realidade cada vez mais frequente – da mesma forma que temos um aumento de possibilidades criativas, temos um volume crescente de trabalho na Web 3.0. Hoje, as agências precisam trabalhar muito mais para alcançar a mesma receita de antes. E, com a entrada do Metaverso, teremos ainda mais trabalho a ser feito na construção dos ecossistemas e das narrativas. Quem não se adaptar a essa nova realidade e continuar mantendo expectativas irreais vai ficar pelo caminho.

As empresas passaram a ter a expectativa de obter resultados melhores com investimentos menores. Tornou-se obrigatório demonstrar o retorno de cada centavo investido. Certamente essa tendência será acentuada com o Metaverso e o advento do *metamarketing*.

Na próxima camada de interação, vamos metrificar até mesmo as sensações mais inusitadas. Já temos tecnologias em desenvolvimento para avaliar sensações relacionadas ao cheiro no Metaverso, por exemplo. E o profissional de marketing precisará contemplar todas essas possibilidades em seu plano.

É uma revolução intensa se lembrarmos que, não faz muito tempo, a empresa pagava uma pequena fortuna por um anúncio numa revista e só conseguia mensurar o alcance e o retorno da propaganda por meio de pesquisas posteriores de percepção de marca. Tratava-se de um método dispendioso, demorado e impreciso, mas era o que havia à disposição.

Apesar de tudo isso, é fundamental o entendimento de que não estamos falando de algo que representa uma ruptura radical com o passado. Trata-se de um processo de continuidade, de evolução do que vinha sendo praticado até então – ou deveria estar sendo praticado.

Assim, podemos definir o marketing digital como sendo a aplicação das estratégias de marketing à Internet e aos demais meios digitais. Não estamos falando, entretanto, de apenas mais um canal, que se juntou aos outros que já existiam. A transformação é bem mais profunda: todos os canais aos poucos se tornarão digitais, a tal ponto que o uso do termo "Marketing Digital" não fará mais sentido, pois todo marketing é digital.

Basta pensar em situações correlatas do passado. Quando surgiu a TV colorida, por exemplo, as pessoas inicialmente faziam questão de especificar se tinham uma TV preto e branco ou colorida. Assim que todos os aparelhos nas lojas se tornaram coloridos, não fazia mais sentido a diferenciação. Ao final do processo de transição, aparelhos de TV voltaram a ser apenas aparelhos de TV, sem explicação adicional. E anos depois o mesmo aconteceu com a TV de tubo e a TV de tela plana.

O que chamamos hoje de "especialista em marketing digital" (e em breve chamaremos de "especialista em *Metaverse Marketing*") tende, portanto, a desaparecer, já que o domínio do digital e deste novo mundo será cada vez mais uma premissa, integrada ao todo, e não um campo à parte de conhecimento e atuação.

Um profissional de marketing que não entenda de digital logo entrará na longa lista de desempregados em razão da evolução tecnológica. Fará companhia aos datilógrafos, aos arrumadores de pinos de boliche e aos acendedores de postes a querosene – sim, um dia os postes precisaram de alguém para colocar fogo em um por um (se você ficou surpreso com essa informação, eis uma boa oportunidade para uma busca no *Google* e um intervalo relaxante na leitura).

Da mesma forma, estamos utilizando o termo *metamarketing* para definir as mudanças em andamento com a chegada da Web 3.0 e do Metaverso, mas esse processo evoluirá ao ponto de que a diferenciação novamente não fará mais sentido. Chegará o momento em que voltaremos a usar o termo marketing, pura e simplesmente.

Quem resistir ao Metaverso acabará, mais cedo ou mais tarde, fora do mercado. Então, por que não se antecipar e começar a entender melhor, desde já, como vai ser esse futuro? Ao ler este livro, você está dando um ótimo sinal de disposição para conhecer mais sobre o assunto. Parabéns!

Se você é um entusiasta do novo mundo que se aproxima ou se está assustado porque tudo parece complexo demais, tenha certeza de que realmente há motivos para ambos os perfis. Esse futuro certamente reserva imensos desafios para os profissionais de marketing, mas trará também muitas oportunidades e possibilidades de novos negócios.

A experiência de uma realidade virtual ampliada, na qual os usuários interagem e estão integrados ao Metaverso, caminhará rapidamente para tornar-se parte da vida de todos nós. Uma evidência disso está nos movimentos das grandes marcas globais, que se preparam para atrair novos públicos e criar nichos de consumo. Já há tecnologias maduras a ponto de serem adotadas por gigantes como *Meta* (o grupo do *Facebook*), *Apple*, *Nike* e *Carrefour*, além de várias outras corporações que estão investindo bilhões no desenvolvimento dessas tecnologias.

Isso não quer dizer que os pequenos e médios negócios ficarão de fora desse novo universo. Muito pelo contrário: assim como estamos vendo as pequenas empresas dando um verdadeiro show no uso do *WhatsApp* e reinventando suas formas de trabalhar, com muita agilidade e criatividade, a Web 3.0 e o Metaverso também poderão contemplar as necessidades desse público.

O que se sabe é que essa revolução atingirá a todos, sem exceção. Se a Internet amplificou profundamente as conexões entre os consumidores e as marcas, algo ainda muito mais intenso ocorrerá com a Web 3.0 e o Metaverso. Será uma integração orgânica, que se moldará ainda mais naturalmente ao cotidiano das pessoas.

Use o QR Code e veja um comparativo da evolução da Web e suas mudanças recentes!

Há uma expectativa de que a separação entre vida analógica e vida digital, que ainda fazemos, perderá completamente o sentido, pois haverá uma fusão crescente dessas dimensões. Mesmo porque o histórico da revolução digital indica uma crescente valorização da comunicação e das experiências de socialização. Assim, uma dimensão se aproximará cada vez mais da outra.

Não se trata de desvalorizar o aspecto humano em favor das relações virtuais, mas do entendimento de que ficará cada vez mais difícil e sem propósito fazer essa distinção. Se hoje já não lembramos ou não nos preocupamos em lembrar se recebemos uma dica de restaurante diretamente de um amigo, de um anúncio na Internet ou de um perfil no *Instagram* – muitas vezes guardamos apenas a informação em si –, no Metaverso ficará cada vez mais difícil fazer esse tipo de diferenciação.

Esse cenário consolidará a tendência, já percebida hoje, da venda de experiências, e não apenas de produtos. Essas experiências estarão ligadas à personalidade e aos diferenciais da marca – elementos que são construídos e cultivados, sobretudo por meio do relacionamento com os clientes. Essa construção diária de relacionamento é um ponto que se torna ainda mais estratégico para o horizonte que se desenha.

Toda a relação de consumo será afetada pela nova realidade virtual, que originará uma série de tendências de mercado. Se há muitas dúvidas sobre como se estabelecerá a relação com os clientes nesse cenário, já temos também alguns consensos. Um deles é que a conversão de vendas dependerá em grande parte da capacidade das empresas em oferecer experiências imersivas e complementares aos seus públicos.

Estamos falando não apenas da possibilidade de experimentar virtualmente o uso dos produtos, mas também de desfrutar as sensações que as marcas desejam associar a elas. Darei exemplos, num livre exercício de imaginação: um perfume que pretende ser associado a aventuras e vida ao ar livre pode oferecer, como brinde da compra, uma descida virtual de caiaque numa corredeira cheia de desafios e emoções. Ou, como já estamos vendo, teremos uma série de iniciativas *phygital*, mistura do físico com o digital, em que você pode comprar uma roupa ou maquiagem para o seu avatar no Metaverso e também receber o mesmo produto para usar no mundo físico.

Quando pensamos sobre tudo isso, cabe uma pergunta de fundo filosófico: o que, afinal de contas, é real?

Não importa de que forma o cliente é acessado, e sim que estamos falando de pessoas reais. Pessoas que querem viver experiências que, para elas, são reais, porque influenciam como elas se sentem e como desfrutam a vida.

4

OLHAR PARA O PASSADO É VISLUMBRAR O FUTURO

Se você é um jovem profissional de marketing digital e já sabe que terá os desafios do *metamarketing* pela frente, acredite: é importante ter contato com os conhecimentos do marketing "tradicional". Mais do que tentar resumir essa tradição, minha principal missão aqui é alertar sobre a importância de conhecê-la. É muito difícil caminhar e falar de novidades e inovações se não sabemos o que já foi feito, e como foi feito.

Gosto muito de um pensamento de Marshall McLuhan, um importante estudioso da comunicação, que sintetiza muito bem essa ideia: "Olhamos o presente por um espelho retrovisor. Marchamos de volta ao futuro".

Há quem atue em marketing digital e simplesmente desconhece o significado da sigla *SWOT*, iniciais em inglês para "Forças, Fraquezas, Oportunidades e Ameaças", ferramenta clássica para a análise de cenários. Ou que nunca tenha ouvido falar dos quatro Ps do marketing – Produto, Preço, Praça e Promoção –, teoria clássica criada por Jerome McCarthy na década de 1960 e difundida e aperfeiçoada por Philip Kotler.

Conhecer esses conceitos é importante não apenas para ter assunto em conversas de bar (seja no mundo físico ou em um bar no Metaverso), mas porque eles continuam vivos e úteis no cenário digital. O que é o e-commerce senão uma forma de interpretarmos a Praça, um dos quatro Ps, por exemplo? O Metaverso será uma nova atualização desse P.

Mesmo que em alguns locais a Internet ainda funcione de forma precária, com lentidão e outros problemas, é inegável que a rede adquiriu importância decisiva em cada um dos Ps do marketing. A maioria dos brasileiros está conectada e, desses, raros são aqueles que não utilizam alguma mídia social. A reputação das marcas na Internet é um fator altamente relevante para definir as escolhas de parte significativa dos consumidores brasileiros.

E agora teremos que gerir essa reputação em mais uma camada, com múltiplas plataformas, já que teremos vários ambientes de Metaverso, assim como atualmente temos vários aplicativos de celular com ecossistemas próprios.

Apesar de todo o apelo das tecnologias mais recentes, que podem soar como um grande diferencial que se sustenta por si só, é preciso ter em mente que os conhecimentos do passado não se tornaram automaticamente ultrapassados e descartáveis. A aplicação da análise *SWOT* ainda é pertinente para qualquer tarefa, em qualquer campo, que exija estruturação e planejamento – da construção de uma casa ao desenvolvimento de um site.

No campo do marketing, vale inclusive para a decisão sobre estar presente em quais plataformas e sobre o momento certo de entrar no Metaverso. Ainda que você considere a análise *SWOT* chata, antiquada ou complexa, ela certamente irá ajudar.

Por outro lado, se você é mais experiente e teve formação no marketing tradicional, não tenha a menor dúvida de que é fundamental atualizar e ampliar os seus conhecimentos para o cenário digital e todos esses pontos que estamos discutindo aqui. Afinal, embora o mundo do marketing não tenha nascido com o digital (como os mais jovens às vezes parecem pensar que aconteceu), não se pode negar que esse mundo está mudando drasticamente.

Atentar-se agora a esses temas é como pegar uma onda bem no começo da formação, pois tudo ainda é muito novo e recente quando falamos em Web 3.0 e Metaverso. A maior parte das pessoas só ouviu falar em Metaverso em 2021, quando o *Facebook* adotou o nome *Meta* para o grupo e explicou que se tratava da preparação da empresa para o futuro.

No entanto, a origem do termo é um pouco mais antiga. Em 1992, o escritor norte-americano de ficção científica Neal Stephenson o utilizou no livro *Snow Crash*, lançado no Brasil dez anos depois com o título *Nevasca*. A palavra funde o prefixo grego "*Meta*", que significa além, com a palavra "universo". Na obra, que antecipou em algumas décadas o que viria a ocorrer, as pessoas criam avatares de si mesmas para frequentar um ambiente virtual, o Metaverso.

Por causa do perfil da trajetória do *Facebook* como rede social, e depois como conglomerado de empresas, o Metaverso foi anunciado principalmente como uma revolução na forma de estabelecer conexões sociais. Mas o projeto vai muito além disso, pois envolve questões como realocação dos investimentos privados e reorganização dos padrões de consumo.

Ao oferecer ao público a oportunidade de viver outra realidade, num mundo construído por tecnologias criativas e revolucionárias, o Metaverso coloca em xeque o que sabíamos e pensávamos dominar sobre a Internet. Estamos, de fato, assistindo ao surgimento de uma nova era da tecnologia e, por extensão, uma nova etapa da vida de cada um de nós.

Tudo aquilo que parecia existir só na ficção científica estará cada vez mais presente no cotidiano. Se é possível fazer essa comparação, eu diria que as tecnologias virtuais estão passando da infância para a adolescência – e estão bem naquela fase do estirão de crescimento, pela qual todo adolescente passa, deixando a sensação de que mudaram muito de uma semana para a outra.

Aliás, já que eu falei há pouco que mergulhar no Metaverso é como pegar uma onda bem no começo, vou mencionar uma frase que Bill Gates escreveu num memorando interno para a equipe da *Microsoft*, em 1995: "A Internet é um maremoto. Isso muda as regras. É uma oportunidade incrível e também um desafio incrível".

Substitua a palavra "Internet" por "Metaverso" e o texto está valendo perfeitamente para o que estamos vivendo. Temos uma nova grande onda para surfar. Quem estiver disposto a acreditar nisso, antes que todos comecem a disputá-la, pode se dar muito bem.

Manter o olhar direcionado ao horizonte para acompanhar a formação dessa grande onda é muito importante, mas novamente ressalto: isso deve ser feito sem desprezar o que já vivemos. Sempre digo aos meus alunos que todos que trabalham com marketing devem ter noção de onde estamos situados na trajetória da evolução dessa ciência. Há muito conhecimento acumulado que não pode ser esquecido ou ignorado, porque isso certamente nos ajuda a projetar o que vem por aí.

Na classificação de Philip Kotler, frequentemente considerado o "pai do marketing moderno", estamos finalizando a transição do marketing 3.0 – o marketing das causas, "do coração", guiado por valores e centrado no ser humano – para o marketing 4.0, marcado pelo aprofundamento das características emocionais e espirituais, com foco crescente na colaboração e nas relações sociais do ser humano.

Por isso, tornou-se tão importante para as corporações abraçarem causas, sociais ou ambientais, que adicionem sentido tangível ao seu conteúdo. Não é por acaso que, nos últimos anos, o mercado começou a falar amplamente de ESG, o conceito de sustentabilidade composto pelos pilares Ambiental, Social e Governança (*Environmental, Social e Governance*, na sigla em inglês).

Esse conceito, associado a uma série de indicadores que mensuram o estágio da empresa em cada um dos três pilares, nasceu no mercado financeiro para funcionar como uma referência nas decisões de investimentos. A ideia central é que as organizações que não respeitam esses princípios correm sérios riscos, de tal forma que não são boas opções para investidores que pensam no longo prazo.

No entanto, ainda há muito discurso vazio nesse processo. É fundamental que o tão falado propósito das empresas esteja realmente conectado às práticas reais. Não adianta postar ações relacionadas ao Outubro Rosa[1] e não oferecer um plano de saúde minimamente decente aos funcionários, por exemplo – a desconexão entre discurso e realidade fica muito evidente.

Casos assim, de dissonância entre a imagem que se pretende construir e a realidade, deixam a empresa vulnerável ao "cancelamento", risco que os profissionais de marketing precisam avaliar o tempo todo em tempos de disseminação veloz e incontrolável de informações e opiniões.

Quem olhar atentamente para o horizonte poderá perceber o marketing 5.0 se aproximando rapidamente, trazido pela mesma onda que carrega a Web 3.0 e o Metaverso. A pandemia de covid-19 acelerou a digitalização dos negócios e antecipou o advento do marketing 5.0, que funde e potencializa os princípios da centralidade humana do marketing 3.0 com o empoderamento tecnológico que define o marketing 4.0.

---

1 Campanha de conscientização sobre prevenção e diagnóstico precoce do câncer de mama e de colo do útero. (N. do E.)

Trata-se de um processo extremamente revolucionário, como previu Kotler no livro *Marketing 5.0: Technology for Humanity* (Tecnologia para Humanidade), lançado em 2021, em parceria com Hermawan Kartajaya e Iwan Setiawan. "É hora de as empresas liberarem plenamente a força das tecnologias avançadas em suas estratégias, táticas e operações de marketing. A tecnologia deve ser alavancada para o bem da humanidade", ressaltam os autores.

No marketing 5.0, evidencia-se que o marketing no mundo digital não se baseia apenas em mídias e canais digitais. Envolverá, cada vez mais, o uso combinado de uma série de recursos tecnológicos avançados, a exemplo da inteligência artificial, realidade virtual, realidade aumentada, *blockchain*, processamento de linguagem natural, tecnologia sensorial, robótica e internet das coisas.

O marketing 5.0 é o ***metamarketing***, o marketing na era do ***Metaverso***, marcado pelo forte uso da tecnologia para apoiar e impulsionar o marketing.

Uma possível aplicação dessas novas tecnologias no marketing é a combinação de *big data* com outros recursos para desenvolver algoritmos capazes de projetar antecipadamente se determinadas características de um novo produto serão bem recebidas pelo mercado. Isso eliminará uma série de etapas de prospecção tradicionalmente feitas pelas empresas antes de um lançamento, com resultados mais precisos. Trata-se do aprofundamento de processos que já vêm sendo usados, a exemplo da aplicação de ferramentas que "ouvem" e interpretam as conversas dos consumidores nas redes sociais.

Apesar das práticas ainda mais tecnológicas trazidas pelo marketing 5.0, é essencial ter consciência de que a humanidade continuará sendo o foco central das estratégias na Web 3.0 e no Metaverso. E o papel do profissional de marketing permanecerá crucial, pois nem tudo, incluindo *feeling* e *insights*, pode ser transferido às máquinas.

Agora que já estamos bem situados sobre o momento histórico que vivemos, aproveito para fazer uma rápida recapitulação da evolução do marketing sob o ponto de vista de Kotler. O marketing 1.0 foi aquele construído em torno da Revolução Industrial. Centrado no produto, tinha a venda como grande objetivo. Já o marketing 2.0, nascido com a era da informação, tornou-se mais orientado para o consumidor, tendo como meta principal satisfazer e reter clientes com base em aspectos bem concretos, como preço e qualidade dos produtos.

O marketing 3.0, voltado ao ser humano, chegou com o compromisso de contribuir para saciar os anseios de um consumidor preocupado em colaborar para a construção de um mundo melhor. As empresas passaram a se diferenciar não apenas pela qualidade ou pelo preço dos produtos que colocam no mercado, mas também pelos valores que defendem.

Foram necessárias quase sete décadas para que o marketing evoluísse do foco no produto para o conceito de centralidade humana – ou seja, um cenário em que os consumidores não são tratados apenas como compradores em potencial, mas como seres humanos plenos, que, além de uma recompensa funcional por meio daquilo que adquirem, desejam também – e talvez principalmente – a satisfação espiritual.

O que os profissionais de marketing devem lembrar sempre é a necessidade de estabelecer um triângulo harmonioso entre marca, posicionamento e diferenciação – só assim o consumidor conseguirá ser atingido nas três dimensões que o caracterizam como um todo: mente, coração e espírito.

A evolução das fases do marketing pode ser mais facilmente compreendida por meio de exemplos práticos. No início do século passado, ainda sob influência do marketing 1.0, o sabão *Omo* foi lançado na Inglaterra como o produto capaz de lavar roupas "como sua velha mãe coruja" – tanto que a sigla significa justamente *Old Mother Owl*.

Depois, na fase do marketing 2.0, o slogan passou a ser "Lava mais branco", pois a ênfase se deslocou para as características técnicas. Com o advento do marketing 3.0, a marca adotou o slogan "Se sujar faz bem", como incentivo às mães e aos pais para que levem os filhos para brincar ao ar livre – fica subentendido, assim, que o produto dará conta de limpar as roupas.

No marketing 4.0, as marcas assumem papéis que poderão até ser confundidos com os das Organizações Não Governamentais (ONGs), fundações e demais instituições do Terceiro Setor. Passaram a criar ações práticas para incentivar aquilo em que acreditam: um salto do discurso para a ação. Não bastará mais dizer que "se sujar faz bem"; será preciso apoiar iniciativas para que mães e pais tenham mais tempo e se sintam seguros para levar seus filhos para brincar no parque.

Com o marketing 5.0, todos os preceitos do marketing 4.0 continuam valendo, mas reforça-se a premissa de que o marketing deve se adaptar à natureza mutável dos caminhos do consumidor na economia digital. As marcas continuarão tendo cada vez mais responsabilidade por tudo que fazem e por todas as informações contidas em seu discurso. Embora o exemplo citado tenha sido o de uma grande marca, esses mesmos princípios deverão ser adotados por empresas de qualquer porte.

Mergulhados nesse cenário de constante transformação, é essencial pensar muito mais em estratégias do que em táticas. Enquanto as ações pontuais e específicas têm prazo de validade limitado, as estratégias fazem parte de um conjunto mais sólido e duradouro de conhecimentos.

Essa preocupação significa ir na contramão do que muitos profissionais de marketing têm feito. Não são poucos os que se dedicam quase que exclusivamente às táticas e sacadinhas de curto prazo, os famosos *hacks*, que buscam resultados imediatos e deixam de desenvolver o essencial, que são as estratégias duradouras.

Cabe aqui uma breve explicação sobre o termo *hack*, que se tornou muito popular em razão das atividades dos hackers e do verbo derivado dessas atividades, "hackear". A palavra inglesa significa, originalmente, "cortar", "retalhar". Ela foi incorporada ao vocabulário dos programadores para definir uma mudança que melhora o desempenho de um projeto em desenvolvimento – ou seja, uma mudança inteligente, que modifica a forma para alcançar um determinado benefício.

Essa conotação positiva foi ganhando uma carga negativa com as ações dos hackers, que invadem sistemas para fazer alterações não autorizadas, em benefício próprio ou em prejuízo de pessoas ou organizações. No que diz respeito especificamente ao marketing, no entanto, a estratégia *hack* não envolve ações invasivas ou ilegais. São apenas truques ou atalhos, que podem ser adotados em maior ou menor escala.

Sempre tive a preocupação, nas minhas aulas e nos trabalhos de consultoria, em voltar o foco a estratégias mais consistentes e duradouras, e não apenas às táticas de efeito momentâneo. Esse mesmo princípio serviu como guia para o planejamento deste livro. Os fundamentos de tudo que está escrito aqui continuarão valendo caso surja um novo sistema de buscas hegemônico em substituição ao *Google,* ou o *Instagram* seja trocado na preferência do público por outra rede social.

Quando se entende mais a fundo como dialogar e engajar com eficácia, as plataformas e ferramentas passam a ser vistas mais claramente como um meio, e não como o objetivo em si. Nem por isso esta obra deixa de se preocupar com o mundo real, com a prática do dia a dia.

Em negócios de pequeno porte, o empreendedor pode até cuidar das mídias sociais ou de todo o seu marketing digital, fazendo as próprias postagens e anúncios, criando conteúdo, avaliando métricas, mas é importante que ele tenha alguém para executar tudo isso assim que possível.

Em primeiro lugar, porque um especialista certamente saberá melhor como produzir um conteúdo adequado e estratégico, assim como um bom advogado saberá redigir um ótimo contrato ou um profissional especialista saberá cuidar melhor das finanças da empresa. Em segundo lugar, porque a hora do empreendedor é cara, no sentido de que o faturamento do negócio depende diretamente da sua atividade diária.

Para uma boleira, é mais importante fazer um bolo do que um **post** no **Instagram** – afinal, na conta bancária é preciso ter dinheiro, e não curtidas.

Não é necessário estar presente em todas as mídias sociais. Deve-se sondar com os clientes da empresa que plataformas eles frequentam, e priorizá-las. O empreendedor pode, pessoalmente, não gostar tanto do *Facebook* e preferir o *Instagram*, mas, se seus clientes estão mais no *Facebook* do que no *Instagram*, é isso que deve definir a prioridade. Processo semelhante acontecerá com a consolidação do Metaverso – teremos que fazer escolhas baseadas na plataforma em que nosso público está.

Lembrando sempre que, para ir além, é importante já estar fazendo o feijão com arroz da Web 2.0 nas mídias sociais. Para isso, interagir é crucial. Quando falo em interagir, é interagir de verdade: responder, curtir, indicar, elogiar, agradecer, explicar, sempre com agilidade e cortesia.

Nesse relacionamento, as críticas certamente são um momento delicado. É preciso responder a elas com elegância e informação. Dialogar e pedir desculpas, se for o caso. Apagar uma crítica é um recurso apenas para situações extremas – quando a pessoa utilizou linguagem inadequada, por exemplo. Em casos assim, a resposta deve ser dada em privado, com calma e explicando a remoção do comentário.

Para muitos negócios, pensar em Metaverso agora pode parecer algo distante demais – especialmente aqueles que ainda nem têm um site, mesmo se tratando de algo crucial para a maioria. Se estamos falando de um estabelecimento físico, criar um *Business Profile Manager* (o popular "*Google* Meu Negócio") é um ponto-chave antes de planejar ter um terreno no Metaverso. Dependendo da natureza do negócio – um e-commerce, por exemplo –, será provavelmente muito difícil desenvolver uma boa estratégia sem fazer anúncios no *Google*.

Uma loja on-line é como uma loja em um beco escuro: ninguém vai chegar lá, a menos que leve a pessoa até dentro da loja.

O trabalho das agências, que hoje já é muito pautado na produção, e não apenas na criatividade, cada vez ganha uma necessidade maior de escala, por intermédio da tecnologia. Por isso, também, as tarefas precisam ser planejadas com mais eficácia, para que caibam no expediente.

Hoje passamos uma grande parte do tempo expostos às telas, focados em números e resultados. Foi-se o tempo em que era bacana ser chamado para o trabalho à noite ou nos fins de semana, ainda mais em tempos de home office. Essa deve ser uma exceção, e não a regra. Inclusive porque dedicar menos horas ao trabalho é uma expectativa das novas gerações – que, ao contrário das anteriores, não glamorizam esse tipo de experiência.

Esse olhar para as métricas e a efetividade é importante, inclusive para adaptar os horários à realidade de cada situação.

Certa vez, por exemplo, atendemos a uma sex shop. Por causa do volume de interações e pedidos, avaliamos que não havia razão para ter o analista de marketing digital, que cuidava da conta e fazia um pouquinho de cada coisa, trabalhando das nove da manhã às seis da tarde na agência.

Transferimos o expediente para a faixa entre meia-noite e seis da manhã, em esquema de home office e plantão nos fins de semana, na mesma faixa de horário. Em razão do perfil do negócio, era o período em que havia o maior volume de acessos ao site e maior quantidade de dúvidas chegando.

O simples fato de ter um atendimento imediato impulsionou a quantidade de pedidos. Com a vantagem adicional de que, se houvesse qualquer problema no processamento, o analista estava ali para resolver. No final das contas, a mudança de horário resultou em acréscimo de 30% das vendas – algo que nem estava no escopo inicial do projeto, que era o aumento da visibilidade.

O caso ilustra, também, a importância de saber montar a equipe e delegar. O gestor que centraliza demais sofre muito, mesmo porque certamente não vai dominar tudo e entender de tudo. São muitos *skills* e tarefas diferentes.

Com o crescimento das ações no Metaverso, grande parte focada em experiências e entretenimento, provavelmente vamos ter que assumir cada vez mais esse tipo de flexibilidade de horário, ainda mais quando consideramos a ausência de barreiras geográficas possibilitada pelas novas relações de trabalho.

Além do mais, com a Internet e o mundo globalizado, é cada vez maior a quantidade de negócios que funcionam em tempo integral. Você vai dormir aqui e está amanhecendo em outro lugar do mundo. Há muitas empresas que precisam ter equipes 24 horas fazendo SAC digital. Nesses casos, se você mandar mensagem à uma da manhã ou às três da tarde, o tempo de resposta idealmente será o mesmo.

Home office, essa modalidade tão disseminada e desejada por muitos depois da pandemia de covid-19, é uma possibilidade cada vez mais real e viável para profissionais de marketing. Isso vale especialmente para os trabalhos que não dependem tanto da interação constante com outros profissionais.

Há uma grande variedade de tarefas que se enquadram nesse perfil, com escopo delineado e prazo definido: produção de conteúdo, análise de SEO, desenvolvimento de um site ou de layout para determinada campanha. Com o advento da Web 3.0 e do Metaverso, surgirão novas especialidades profissionais, como *Digital Metaverse Manager* (responsável por gerir ações e equipes em projetos de *metamarketing*), *Community Manager* Metaverso (para gerir a comunidade, espaços, eventos e intermediar a presença de marcas), Designers de Avatares (para criar vestimentas e outros ativos para avatares) e Arquiteto de Metaverso (para desenvolver espaços, lugares, objetos e experiências dentro do Metaverso).

Ter essas pessoas trabalhando de forma independente é bom, inclusive para aliviar o uso da estrutura física da empresa. Mas é claro que isso tudo depende, em grande parte, do nível de maturidade dos envolvidos, já que a gestão será exercida remotamente.

Home office não significa trabalhar menos ou ter a oportunidade de descumprir as expectativas de dedicação acertadas com a empresa.

Na Web 3.0, devemos rumar para o anonimato em muitos aspectos, e isso deve ocorrer também nos processos de contratação de equipes. Em um dado momento, entenderemos que ter uma identidade pública pode ser algo eletivo, por "n" fatores, até mesmo para a inclusão – como, por exemplo, a pessoa que não se identifica com sua condição no mundo físico e prefere assumir outra forma no Metaverso.

Imagine alguém que se apresenta como PandaXYZ e usa um avatar de panda. Dada a sua presença no Metaverso e a construção da imagem do seu avatar, essa pessoa poderá ser reconhecida profissionalmente sem que sua identidade "real" seja conhecida ou exigida no momento da contratação do serviço.

Ao contratar essa pessoa, o RH não irá questionar dados, como idade, local de residência e gênero, pois o critério que importa é a capacidade de entrega, seja ela chamada de PandaXYZ, João ou Maria. Claro que isso não acontecerá em todas as empresas e possivelmente não será de imediato, mas deve ocorrer em alguma medida.

Esse quadro geral do mercado é emoldurado por uma realidade um tanto ingrata para quem está começando. Os patamares de remuneração no universo da publicidade e do marketing caíram, de forma geral, em comparação com os tempos pré-digitais.

Até a virada do milênio, quem estava no topo da hierarquia de uma grande agência de publicidade recebia salários altíssimos. Havia a mentalidade de que, com uma remuneração dessas, valia a pena se dedicar exageradamente à atividade profissional. Com o advento do marketing digital, os padrões se tornaram mais modestos.

Mudou também a relação dos profissionais com o prestígio de trabalhar em uma agência famosa. Hoje, e cada vez mais, o que conta é a marca pessoal, que o profissional carrega aonde quer que vá. Mesmo porque, no mercado digital, os profissionais tendem a girar rapidamente e a atuar por projetos, sem ficar muitos anos no mesmo lugar, como era comum antigamente.

Por isso, quando falo aos meus alunos sobre o *LinkedIn*, ressalto que o importante ali não é mostrar onde você está, circunstância que pode ser provisória e temporária, e sim quem você é e o que é capaz de fazer, independentemente de onde está hoje.

Já vi pessoas cometerem o absurdo de se definirem no *LinkedIn* como desempregadas, "em busca de recolocação" ou "à procura de uma oportunidade". Quando um profissional de RH vai se interessar por alguém que se define dessa forma? Nunca.

Por fim, uma última ressalva: é um tanto impensável que um profissional de marketing, com pretensões de crescer na carreira, não marque presença na Internet. Trata-se do meio em que esse profissional vive. É necessário estar nas redes sociais, ter um blog, um site, expor-se no sentido de consolidar uma reputação de especialista.

Assim como hoje soa estranho uma pessoa não ter WhatsApp ou Instagram, em breve irá soar estranho um profissional de marketing que não esteja no Metaverso.

5

OS PILARES, HOJE E AMANHÃ

Um fato inegável é que o marketing digital se tornou parte fundamental da estratégia de qualquer negócio. Ter presença efetiva e eficaz na Internet é vital para empresas de todos os setores e de todos os portes.

Trata-se de algo que, proporcionalmente, é até mais importante para pequenos empreendimentos. Esses, muitas vezes, têm a atuação nas mídias sociais como a única possibilidade de marketing ao alcance, enquanto grandes corporações dispõem de um leque bem mais amplo de alternativas.

Pequenos negócios têm na estratégia digital – a exemplo de anúncios no *Google*, *Facebook* e *Instagram* – não apenas as melhores ferramentas de divulgação, como também o contato com os consumidores, incluindo atendimento e feedback.

Dentro da proposta de entender bem onde estamos, algo essencial para projetar o futuro, vou comentar a seguir uma abordagem muito conhecida no mercado sobre os pilares do marketing digital, à qual recorro frequentemente para estruturar meus projetos de consultoria. Estou falando das sete estratégias, ou sete pilares, definidas inicialmente por Cláudio Torres no livro *A Bíblia do Marketing Digital*.

Com alguns ajustes que fiz nos nomes para atualizá-los, esses pilares – que podemos chamar de "grandes áreas" do marketing digital – são os seguintes:

1 – **Marketing de Conteúdo**
2 – **Marketing nas Mídias Sociais**
3 – **Base de Dados e CRM**
4 – **Disseminação**
5 – **Pesquisas On-line**
6 – **Compra de Mídia On-line**
7 – **Monitoramento e Métricas**
   (este sétimo pilar se associa a cada um dos demais)

Como destaca o autor, não devemos pensar nesses pilares como estratégias avulsas, atividades isoladas ou especialidades. "É a interação entre as diversas ações táticas e operacionais que produz sinergia e gera eficácia e consistência aos resultados obtidos", diz Torres.

Baseados nessa classificação, vamos destrinchar o significado e as aplicações atuais de cada um dos sete pilares e dar pinceladas sobre a direção para onde esses pilares caminharão com a chegada da Web 3.0 e do Metaverso. Ou seja, com a transição para o *metamarketing*.

Pilar 1 – Marketing de Conteúdo

Boa parte dos consumidores chega a uma determinada empresa ou serviço por meio dos resultados apresentados pelos sites de busca. O líder nesse campo é o *Google*, que ganhou grande predominância num mercado que, originalmente, era diluído entre diversos concorrentes.

É importante desenvolver estratégias para tornar o site mais visível quando as pessoas procuram por informações relacionadas ao negócio da empresa. Obter um bom posicionamento nas ferramentas de busca (estar na primeira página ou nas primeiras páginas dos resultados do *Google*) faz toda a diferença para definir o número de pessoas que chegarão ao site.

Isso inclui a utilização criteriosa de palavras-chave, otimização de velocidade do site, uma boa estruturação de páginas, cuidado com o tamanho e peso das imagens e outras ações que, no conjunto, são chamadas de SEO, sigla para *Search Engine Optimization* (Otimização do Mecanismo de Busca). No Metaverso, a propósito, devem crescer muito as buscas por voz, a exemplo do que já temos feito, ainda que em pequenas doses, pelo celular.

Aplicar as técnicas corretas de SEO terá pouca eficácia, no entanto, se não houver a produção sistemática de conteúdo relevante ligado às áreas de atuação da empresa – ou seja, aos assuntos que fazem o consumidor se interessar em procurá-la.

Não basta fazer a pessoa chegar até o site. É fundamental oferecer um conteúdo interessante e relevante para conquistar e fidelizar o consumidor que percorreu todo o caminho até ali.

Essa lógica continuará existindo no Metaverso, ambiente que também será de grande disputa por atenção. Logo veremos redatores publicitários ou *UX writers*[2] escrevendo para anúncios virtuais em supermercados, shopping centers ou pontos de ônibus que serão vistos apenas na realidade aumentada, seja em nossos celulares, em óculos especiais, seja em lentes de contato.

Quando falamos de marketing de conteúdo para o Metaverso, uma coisa é certa: a expectativa será por experiências realistas e interativas, sempre buscando o engajamento e a participação do público. Até aí, nada de novo para quem já está no dia a dia do marketing digital.

Teremos a oportunidade, no entanto, de fazer isso em vários mundos diferentes, considerando que cada plataforma é como um mundo à parte em 3D. As possibilidades são quase infinitas. Tudo que as marcas produzem hoje para as pessoas poderá ser produzido para os avatares – roupas, bolsas, carros, motos, equipamentos eletrônicos e – por que não? – comida.

O marketing de conteúdo tem como foco fazer com que o consumidor encontre um produto, marca ou serviço, goste do que encontra e, a partir daí, crie um relacionamento com a empresa. Certamente são objetivos complexos e difíceis – é por isso que, para ser bem-sucedido, deve-se produzir conteúdo coerente e relevante, tanto pelo volume quanto pela qualidade das informações.

É fundamental planejar o conteúdo, para que esteja em sintonia com a estratégia mais ampla de comunicação da marca e da empresa.

---

2 A sigla UX significa *User Experience*. Portanto, *UX writers* são os redatores que desenvolvem textos dentro do design e da interface para guiar, ensinar e melhorar a experiência do usuário. (N. do E.)

O primeiro passo é definir quem é o público-alvo e buscar referências de como esse público se comporta e o que ele espera.

Definir o público-alvo significa estabelecer um padrão específico que possa servir de referência, como se fosse o cliente "típico", bem no centro do alvo. Algo como "homens, com idade entre 30 e 40 anos, classes A e B, que acompanham artes marciais num raio de 100 km da minha cidade".

Se, além desse epicentro, o seu público-alvo tem outras características muito diferentes entre si (o principal público são homens, mas você também quer atingir mulheres, por exemplo), é recomendado pensar em adaptações das iniciativas em campanhas de marketing para cada um desses perfis. Para a estruturação dessas campanhas, a publicidade on-line e a compra de mídia serão pontos cruciais – vamos abordá-los um pouco mais para a frente. Se já é assim na Web 2.0, no Metaverso será muito mais.

Essa estratificação é importante para evitar desperdícios. Afinal, quem tenta falar com todo mundo está, na verdade, falando com ninguém.

Se nem água chega para todo mundo (infelizmente), a comunicação e a mensagem do marketing de uma empresa certamente também não vão chegar.

Deve-se ter sempre em mente que o conteúdo atualmente é formado por texto (chamado no mercado de *copy*, ou *sales copy*, diminutivo de *copywriting*, que significa "redação", em inglês) e imagens (uma foto impactante, uma boa ilustração ou uma montagem). A combinação desses recursos exige atributos, como criatividade, senso estético e qualidade do design. Cada vez mais, tudo isso envolverá a necessidade de movimento, pois a demanda por vídeos já é uma realidade.

Buscar a humanização é fundamental, tanto nas palavras quanto nas imagens, porque isso geralmente dá resultado em vendas, engajamento, *leads*, interações etc. Hoje, um tênis sozinho desperta menos interesse do que um tênis que aparece no pé de alguém – afinal, as mídias sociais são feitas de pessoas para pessoas. Por isso, quanto mais humano é o conteúdo, mais tende a proporcionar o resultado esperado.

No Metaverso, a localização geográfica não será mais uma barreira para vivenciar experiências, assim como o espaço físico não representará limite para a quantidade de pessoas envolvidas num determinado evento. Um jogo de futebol, um show musical ou um congresso poderão ser acompanhados por milhões de pessoas, localizados nos mais diferentes lugares do mundo, que terão a sensação de estar no local.

Como disse Mark Zuckerberg no *Connect 2021*, estamos falando de "uma Internet palpável, onde você está dentro da experiência, e não olhando para ela". As marcas e agências com histórico em produção de eventos no mundo físico têm a oportunidade de sair na frente, pois dominam as dinâmicas gerais, mas essa vantagem é sutil e pode ser compensada por novos concorrentes que se anteciparem à compreensão do Metaverso.

Pilar 2 – Marketing nas Mídias Sociais

Neste capítulo, vou fazer uma descrição panorâmica do cenário atual das principais plataformas de mídias sociais, em respeito ao meu compromisso de consolidar o entendimento do presente como base para construir uma visão do futuro. Não deixarei, no entanto, de apresentar observações e projeções sobre os caminhos do marketing nas mídias sociais.

Quando se pensa em marketing digital, muita gente dá ênfase tão grande às mídias sociais que muitas vezes os dois conceitos até se confundem. Mas não é isso: as mídias sociais são meios, plataformas que permitem interações, troca de informações e produção de conteúdo.

As mídias sociais são as "pracinhas" digitais. Assim como nossos antepassados iam socializar na praça, as mídias sociais são o reflexo digital desse comportamento.

Na Web 2.0, os modelos para essa socialização são variados, desde sites e aplicativos de relacionamento, como o *Tinder*, até fóruns, blogs e grupos de discussão. A *Wikipedia*, enciclopédia colaborativa com conteúdo publicado e revisado coletivamente, também é um exemplo.

As atenções das empresas acabaram se voltando com grande peso, entretanto, às mídias sociais mais populares, aquelas em que as pessoas criam perfis para interagir com outras pessoas: *Facebook*, *Instagram*, *Twitter*, *LinkedIn* etc.

Como quase tudo na vida, as mídias sociais têm, potencialmente, um lado positivo e outro negativo. Elas certamente proporcionam uma grande vantagem, que é a possibilidade de conhecer a fundo o seu cliente e estabelecer uma relação com ele. Mas podem ser também um enorme problema quando informações negativas sobre a empresa se propagam.

No conceito de mídias centralizadas da Web 2.0, costuma-se olhar muito para o tamanho das bases de usuários, a exemplo do número de seguidores nas redes sociais. Porém, esse dado, avaliado isoladamente, sem senso crítico, não é tão relevante quanto parece. Pode dar uma dimensão falha da abrangência e da solidez de uma estratégia.

Em outras palavras, mais vale ter 5.000 seguidores realmente dentro do público-alvo e com grande potencial de engajamento do que ter 50.000 seguidores apenas por tê-los. O importante é a relação de conversão entre o número de seguidores e os negócios efetivamente fechados a partir disso, ou então o impacto gerado pelo engajamento, ou outras métricas que possam colaborar diretamente com a empresa de maneira tangível.

No mundo físico, como ainda somos extremamente dependentes da geolocalização, gosto de trazer um exemplo pensado de forma didática: para um cabeleireiro da Vila Madalena, em São Paulo, conquistar 50 seguidores que moram na Índia vale muito menos do que um seguidor que mora nas proximidades do salão, pelo simples fato de que a chance desse seguidor se tornar cliente é muito maior.

Nas mídias sociais, qualidade vale mais que quantidade. Para engajar e aumentar as chances de conversão, é preciso oferecer bom conteúdo, apoiado por fotos de qualidade e informações que reforcem pontos positivos da marca. Essas informações precisam ser interessantes e proveitosas, tanto para clientes já conquistados quanto para aqueles em potencial.

Muitos dos meus alunos apresentam uma dúvida durante as aulas: como saber quanto deve ser investido nas mídias sociais, e como distribuir esse valor entre as diferentes plataformas? É uma dúvida que certamente será ampliada nos próximos anos, com o crescimento da Web 3.0, que trará novas possibilidades de investimentos relacionadas ao Metaverso.

Esse planejamento deve começar numa etapa muito anterior à do marketing: o plano de negócios da empresa. Dele deriva o planejamento financeiro, e daí o orçamento de marketing, do qual o marketing digital é uma parte. A verba destinada ao marketing digital deve ser dividida entre as diferentes plataformas. Com o crescimento da Web 3.0, essa disputa se tornará ainda mais intensa.

Como referência geral, temos aquilo que Philip Kotler defende – que o planejamento financeiro da empresa deveria destinar algo entre 2% e 10% do faturamento para o marketing como um todo. E, disso, avaliar qual a importância do marketing digital e de cada segmento do marketing digital para distribuir o investimento.

Assim, a estratégia em determinada plataforma precisa ser pensada a partir do orçamento disponível, e não o contrário: é totalmente improdutivo pensar numa estratégia e só aí checar se há verba disponível.

Deve-se construir uma visão integrada entre as mídias sociais e os demais pilares do marketing digital. Não é indicado, dessa forma, que uma empresa tenha um fornecedor cuidando apenas das mídias sociais, sem integração com os demais departamentos da empresa ou com as demais atividades de marketing e de negócios, como se esse fosse um mundo à parte e independente de todo o resto.

Esse é um equívoco que empresas pequenas cometem com frequência, imaginando que o investimento em mídias sociais trará, por si só, excelentes resultados. Isso provavelmente não vai acontecer como num passe de mágica, já que é preciso ter uma estratégia mais ampla. As mídias sociais não podem representar a estratégia em si.

Diante desse cenário, é muito importante conhecer as características de cada plataforma e entender as relações que há entre elas. Quatro das cinco mídias sociais mais usadas no mundo – *Facebook*, *WhatsApp*, *Instagram* e *Messenger* – são do mesmo dono, a *Meta* (nome do grupo de empresas do *Facebook*).

Trata-se de um grande conglomerado, assim como a *Alphabet Inc.*, responsável pelo *Google* e também pelo *Waze, Google Maps, Google Earth, Gmail, Google Translator* e vários outros serviços que fazem parte do nosso dia a dia. Aliás, não é por acaso que a holding do *Google* passou a se chamar, sugestivamente, de *Alphabet*, porque os nomes das empresas do grupo vão de A a Z, literalmente.

O *Facebook* é a plataforma que melhor representa a nova versão da pracinha. Nele se reúnem os fofoqueiros, os paqueradores, os treteiros, os pregadores religiosos, os articuladores políticos, entre vários outros perfis. Todo mundo fala sobre tudo. É por causa dessa grande abrangência que a plataforma leva boa parte dos investimentos em mídias sociais e é uma das principais fontes de receita da *Meta*.

Nos últimos anos, contudo, o principal público atraído pelo *Facebook* passou a ser o sênior – o que é extremamente interessante para quem tem o consumidor maduro como alvo. É curioso perceber, no entanto, a mudança de perfil enfrentada por essa mídia social, que um dia foi o paraíso dos jovens.

Com uma base de usuários de quase 3 bilhões de pessoas, o *Facebook* liderou a comunicação na Web 2.0 e agora luta para manter a hegemonia na Web 3.0. De olho no crescimento do *TikTok*, promete aumentar cada vez mais a relevância dos vídeos na plataforma, até transformá-los na parte central da experiência. Enquanto isso, desenvolve seu grande trunfo, aquele que deverá ser o maior Metaverso de rede social. Com essas ações, a empresa pretende recuperar o interesse do público mais jovem.

Nesse meio tempo, o *Instagram* se tornou o refúgio de muita gente por ser um ambiente mais agradável, sem tantas "tretas" como no *Facebook*. Nascido para que os adeptos de fotografias compartilhassem belas imagens, essa plataforma sempre carregou uma certa aura de sofisticação.

> O **Instagram** é como um passeio pela sofisticada Oscar Freire, rua chique de São Paulo. As pessoas se arrumam para ir ao **Instagram**. Ninguém ali come PF, só pratos que merecem ser fotografados.

Mas o *Instagram* também está passando por uma grande mudança de perfil, valorizando muito mais os vídeos que as imagens – aproximando-se, assim, do modelo de sucesso trazido pelo *TikTok*. Como representação da rua das butiques, a plataforma não poderia deixar de fora os itens colecionáveis. Já incorporou o uso de NFT, ativos digitais que não têm valor mensurável, pois são únicos e não podem ser trocados por um equivalente. Funcionam como uma espécie de certificado digital que assegura a propriedade sobre mídias digitais.

A sigla faz referência a *Non-Fungible Token*, "Token Não Fungível". Fungível é um termo econômico que define bens com valor específico, que podem ser trocados por outro de igual valor. Uma nota de R$ 100 é fungível porque, se você trocá-la por outra nota de R$ 100, continua com o mesmo valor em mãos.

O *TikTok* experimentou uma rápida expansão, tornando-se uma das ferramentas que mais vêm chamando a atenção nos últimos anos. Como ele surgiu de maneira singela, inicialmente classificado como um "lugar para dancinhas de adolescentes", muitos apostaram que não iria emplacar.

Porém, com o passar do tempo, vimos que o *TikTok* traz uma carga enorme de tecnologia para o universo das mídias sociais, permitindo uma grande variedade de montagens e de remixes musicais com poucos cliques. Não por acaso, logo virou o "queridinho" dos *influencers*.

No Brasil, um dos maiores mercados de influência do mundo, o *TikTok* assumiu papel de protagonismo na chamada *Creator Economy*, a "Economia do Criador". Um dos motivos é que o algoritmo do *For You* do *TikTok* é mais focado em conteúdo de nicho e nas *trends* e menos nos comportamentos, como ocorre nas plataformas da *Meta*.

Isso propiciou a criação de um senso muito forte de comunidade e de autoexpressão.

Diante dessas características, há uma pergunta que normalmente surge mesmo antes da decisão de ir para o Metaverso: vale a pena minha marca estar no *TikTok*? Claro que isso não é algo simples de ser respondido, pois demandaria um estudo aprofundado da marca. Entretanto, há alguns pontos de reflexão. Um deles é o quão moderna, inovadora e "descolada" é a sua marca, pois essas são características marcantes da plataforma.

Outras questões: sua marca já trabalha com influenciadores? Se sim, como é feito esse trabalho? Em que volume essa estratégia é usada nas outras plataformas? Que nível de liberdade os criadores têm para expor ou criar em cima do universo da marca? É importante estar aberto para isso, pois, na maioria das vezes, o *TikTok* demanda uma boa margem de liberdade para os criadores de conteúdo.

Já o *Twitter* parece estar perdendo terreno como palco de discussões, perfil que sempre o caracterizou. Embora ainda tenha um grande número de usuários e um certo protagonismo na Web 2.0, principalmente quando falamos de períodos eleitorais, assuntos relacionados à segunda tela e eventos em tempo real – especialmente os esportivos, como jogos de futebol, basquete, lutas de UFC etc. –, muitas pessoas têm preferido usar o *Discord*, que permite conversar por voz e vídeo em tempo real. O *Discord* nasceu ligado ao mundo dos games, mas se tornou o queridinho das comunidades de *cripto* e NFT, intimamente ligadas à movimentação em torno do Metaverso.

O *Twitter* ainda não fez grandes lances relacionados ao Metaverso. Jack Dorsey, um dos fundadores da plataforma, chegou a colocar em dúvida o futuro dessa iniciativa, especialmente quando o mercado teve a sensação de que Mark Zuckerberg queria "privatizá-la" ao mudar o nome do *Facebook* para *Meta*.

Nessa ocasião, Dorsey chegou a usar o termo "ditatorial". Isso não faz sentido, no entanto, porque o Metaverso é um conceito relacionado a uma camada, e não a uma única plataforma. Seria o mesmo que considerar possível alguém "tomar posse" da Internet ou do *mobile*.

Em relação a outras evoluções tecnológicas, no entanto, o *Twitter* não está parado. A plataforma abriu, por exemplo, a funcionalidade de as pessoas usarem NFT em suas fotos de perfil.

Embora nem sempre seja classificado como uma rede social, o *WhatsApp* é, provavelmente, a mídia social que mais mudou o nosso cotidiano, pela facilidade de comunicação que possibilita. E continuará muito presente, pois certamente evoluirá para o Metaverso em algum momento, com uma versão do aplicativo em 3D.

Como permite o diálogo rápido, direto e sem custos, o *WhatsApp* é um canal importante para fazer contato com os clientes. E tende a evoluir cada vez mais como uma grande ferramenta de gestão de relacionamento com o cliente (CRM) e de vendas, com melhorias nos catálogos de produtos e automações em vários tipos de recursos.

No entanto, devem ser claras as regras para o público: o horário de funcionamento, por exemplo. Senão, as pessoas entrarão em contato fora do horário comercial, com a expectativa de que receberão uma resposta em poucos minutos – e se frustrarão quando isso não ocorrer.

É importante, também, tomar cuidado com os limites de comunicação via *WhatsApp*, para não ser *over* e invasivo. Quando é interessante mandar mensagens para a lista de clientes? Certamente isso não pode ser feito a todo o momento. É um recurso que deve ser reservado a ocasiões especiais, como uma promoção com atrativos efetivos, um informativo para resolver problemas, ou um comunicado importante.

Inicialmente, pense no *WhatsApp* como um fluxo de e-mail marketing ou newsletter, e siga o fluxo que sua empresa já aplica nesses produtos. Caso você não tenha um fluxo estabelecido, uma ou duas mensagens por semana pode ser uma boa referência para o *WhatsApp*.

O *Telegram* também tem se tornado uma ferramenta importante quando se trata do envio de mensagens para uma grande quantidade de pessoas. Embora seja visto como uma opção ao *WhatsApp*, cada vez mais a plataforma se aproxima de um grande disparador de mensagens em massa, como uma ferramenta de e-mail, muitas vezes sendo útil para estratégias de CRM, que abordaremos mais adiante.

Uma das vantagens do *Telegram* é a possibilidade de criar grupos extremamente grandes, com milhares de pessoas. E os canais são ilimitados. Então, se você está desenvolvendo uma estratégia que necessita de um ponto de contato próximo e em grandes volumes, este é um canal a ser considerado. Outro diferencial da plataforma é a possibilidade de envio de fotos, vídeos e arquivos que podem ter até 2 GB.

A maior vulnerabilidade do *Telegram* ainda é a penetração da plataforma – por mais crescente que seja, ainda está restrito ao público conectado, como comunicadores, profissionais de tecnologia, mercado financeiro etc. Vamos acompanhar como o *Telegram* vai se adaptar à transição para a Web 3.0, já que o seu público nativo tem grande potencial de rápida adoção de novidades tecnológicas.

Nesta rápida síntese das plataformas de mídias sociais, não posso deixar de mencionar o *Pinterest*. Trata-se de um grande concentrador em potencial de material sobre digital fashion e moda para avatares, justamente por ter um uso mais nichado e ser um centro consolidado de referências visuais, que atrai quem trabalha ou se interessa por moda, beleza, viagem, arquitetura e gastronomia, tanto no mundo físico quanto no virtual.

Na Europa, o *Pinterest* é usado como um catálogo de produtos que as pessoas realmente pretendem comprar – enquanto aqui, no Brasil, a plataforma fica mais no plano do sonho de consumo, das coisas que provavelmente a pessoa nunca terá. É por isso que, no Brasil, o *Pinterest* gera pouco tráfego para o e-commerce. Por aqui, boa parte da força no universo de compras fica a cargo do *Instagram*, com ferramentas como o *InstaShop*.

Na área mais corporativa, temos o *LinkedIn* – que não é uma plataforma de busca de emprego, como muita gente pensa, e sim de construção de networking. A ideia é ter um público selecionado para atrair visibilidade para a marca pessoal. Vale o raciocínio inverso quando pensamos do ponto de vista da empresa: reforçar sua marca empregadora para atrair bons profissionais.

Se o **Instagram** é a rua das butiques, o **LinkedIn** é o espaço de café da empresa. Você deve mostrar o melhor de sua marca pessoal, mantendo a etiqueta corporativa.

O *LinkedIn* é a plataforma queridinha das empresas B2B, o que o torna um dos mais caros para os anunciantes. Sempre é bom lembrar, no entanto, que, quando estamos discutindo comunicação, temos seres humanos em cada uma das pontas do diálogo. Assim, mesmo que o produto final seja para uma empresa, o conteúdo deve ser pensado para atender às necessidades da pessoa que é a tomadora de decisão.

O desafio no *LinkedIn* é que, diferente das demais plataformas, onde a marca consegue atuar da porta para fora, aqui a empresa precisa envolver seu público interno para mostrar seu capital humano. Pode fazer isso, por exemplo, enaltecendo os talentos corporativos e auxiliando a desenvolver o perfil de seus funcionários, dentro das características dessa mídia.

No *LinkedIn* não cabe foto de casal, por exemplo. Além do motivo óbvio – ser uma rede social voltada ao campo profissional –, essa restrição está prevista nas diretrizes da plataforma, que estabelece a obrigação de a foto do perfil ser do rosto de uma única pessoa, a proprietária do perfil. Curioso perceber, nesse ponto, como a Web 2.0 tem um lastro forte na "autenticidade" do perfil, exigindo que os usuários das redes sejam exatamente quem são no mundo físico. Como vimos, esse paradigma será transformado com a Web 3.0 e o Metaverso.

É provável que, em algum momento, para continuar relevante nesse novo cenário, o *LinkedIn* se abra para perfis de profissionais que prestam serviços sem necessariamente divulgar a identidade real, como no caso já descrito do PandaXYZ.

O *LinkedIn* já vem enfrentando algumas dificuldades em razão da rigidez das regras, que ainda não se abriram para as mudanças inevitáveis que estão chegando. Ao deletar a foto de um usuário que estava utilizando um NFT como imagem de perfil, por exemplo, a plataforma sofreu uma onda de críticas. Enquanto isso, no *Twitter*, que já permite esse uso, famosos como Neymar Jr. já chegaram a usar NFT como foto de perfil. É esse tipo de situação que vai consolidando uma aura de modernidade ou de conservadorismo para as diferentes plataformas.

Quanto ao *YouTube*, muitos já não o consideram uma plataforma de mídia social. Mesmo com a possibilidade de criação do perfil de usuário e de interação com outros usuários nos comentários, a atividade principal é a distribuição de conteúdo.

O *YouTube* é uma grande plataforma de vídeos – assim como, por exemplo, a *Netflix*. Trata-se, também, do segundo maior buscador do mundo, atrás apenas do *Google*. Além de notícias e entretenimento, as pessoas procuram ali conteúdo leve, informativo e muitas vezes em tom de humor. Outro destaque são os vídeos tutoriais, na linha "como fazer".

Podemos dizer que o *YouTube* representa uma atualização da linguagem visual presente na nossa vida há décadas, por meio do cinema, da TV, do videocassete e dos DVDs. A Internet começou com texto, por limitações técnicas, e o uso de imagens se tornou cada vez mais viável com o passar dos anos, o que trouxe uma nova e poderosa possibilidade de interagir e dialogar.

Com a proliferação dos podcasts e *videocasts*, o *YouTube* tem crescido ainda mais, frequentado por um público que consome informação de nicho e aprecia conteúdo aprofundado. A plataforma está vendo o mercado de NFT como uma grande oportunidade de ampliar a receita dos usuários e, em consequência, dela própria. Uma das ações da plataforma tem sido a distribuição de NFTs personalizados para influenciadores selecionados, com o propósito de despertar uma nova cultura – a venda de vídeos como NFT.

Ou seja, um seguidor pode se tornar o legítimo proprietário único de um vídeo produzido por um influencer que admira, e talvez revendê-lo no futuro com lucro, dependendo de como evoluirá a trajetória do influencer. É uma situação análoga à compra de um quadro de um artista plástico.

A utilização de vídeos nas plataformas sociais se tornou um recurso muito importante para o marketing digital. Percebe-se uma boa aceitação das transmissões ao vivo feitas por empresas de todos os portes, desde que o conteúdo seja interessante e bem planejado. O período da pandemia de covid-19 ajudou a popularizar esse recurso. Surgiram transmissões ao vivo dos mais diversos tipos, formas e segmentos – artistas, cursos, exposições, eventos corporativos ou simples conversas abertas ao público.

Espontaneidade, irreverência e humor são elementos que, utilizados adequadamente, sempre contribuem para bons resultados nas *lives*. Enquanto os vídeos pré-gravados exigem uma produção mais cuidadosa, há um entendimento geral de que esse aspecto pode ficar em segundo plano nas transmissões ao vivo. Trata-se de um fator favorável às pequenas empresas – que podem, assim, testar inovações e uma comunicação mais direta com o público sem grandes investimentos.

Isso não significa que tudo pode ser feito de improviso. Ao contrário, sempre que possível, é recomendável que as transmissões ao vivo tenham cuidadoso planejamento prévio, com pauta, roteiro e até mesmo ensaios. Começo, meio e fim, com duração pré-definida. E testes de qualidade de sinal, de luz e de som.

Quanto ao conteúdo, a empresa deve tratar de temas que estejam sob o seu domínio e sintonizados com o foco do negócio e da estratégia de comunicação estabelecida.

O principal segredo para que uma transmissão ao vivo seja bem-sucedida é a interação: quem está acompanhando precisa se sentir incluído, como se fosse participante da conversa.

Participar da conversa, inclusive, é um ponto muito esperado para o cenário da Web 3.0. As tecnologias de tradução automática permitirão que pessoas de qualquer parte do planeta acompanhem uma live e façam perguntas em tempo real, em qualquer idioma.

Enquanto essa tecnologia ainda não se populariza, é importante, sempre que possível, ter alguém moderando e respondendo aos comentários para transformar o bate-papo em algo mais dinâmico e atraente. Essa lógica funciona também para a cobertura de eventos, shows, lançamento de produtos, palestras, workshops e entrevistas.

As pessoas se identificam com situações do tipo "eu gostaria de estar lá". Assim, possibilitar que o usuário veja o *backstage* de um show, esteja nos corredores de um desfile, tenha acesso a uma informação em primeira mão, entre várias outras possibilidades, eleva o público a outro patamar, valorizando-o e demonstrando a preocupação e o carinho da marca.

Manter a atenção do espectador do começo ao fim é um grande desafio das *lives*, e isso depende muito do roteiro e da habilidade de quem está no comando – incluindo a desenvoltura para lidar com imprevistos, pois a possibilidade de que algo não funcione conforme o esperado é sempre grande.

Como boa parte das pessoas ainda acompanha as *lives* por telas de celular ou desktops, o tempo ideal para uma transmissão ao vivo é relativo, pois estamos falando de uma tecnologia pouco imersiva. Já vi transmissões de cinco minutos e de três horas que funcionaram muito bem. O mercado tem chegado à conclusão, contudo, de que a duração ideal deve ficar entre 30 e 40 minutos, suficiente para passar bem qualquer recado e não ir além da disponibilidade do espectador em continuar ali. Se o perfil da transmissão for mais aprofundado e envolver vários participantes, como numa mesa-redonda, a transmissão ao vivo pode se estender por mais tempo.

Um ponto importante para o engajamento é que, como leva alguns minutos para o público se conectar às *lives*, há um truque: não começar para valer exatamente no horário marcado. Nesse início, como "esquenta", o apresentador ou mediador pode reforçar o que será discutido e a importância do tema, apresentar-se, apresentar os participantes, fazer *call to actions* com o público (por exemplo, perguntar em qual cidade ou estado estão), bater papo, até entrar efetivamente no tema.

O perfil da transmissão define também a plataforma mais adequada. Para vídeos mais longos, há uma tendência de uso do *Facebook* ou do *YouTube*. Para vídeos mais curtos, sem tanta produção, *Instagram* e *TikTok* são boas opções. O fator essencial dessa decisão, contudo, é saber onde seu público está mais concentrado e engajado.

Não importa o formato, a duração e a plataforma escolhida para a transmissão, se o conteúdo for ruim ou desinteressante. O público deve enxergar valor na perspectiva de acompanhar o vídeo – e, durante a transmissão, essa expectativa precisa ser comprovada de imediato.

Um exemplo que sempre cito nas minhas aulas é a correção das provas do Enem feita pela equipe do Sistema Anglo de Ensino. Além de ser um serviço de grande utilidade para os milhares de pessoas que haviam acabado de prestar o concurso, a iniciativa demonstra a capacidade dos professores e reforça consideravelmente a percepção da marca pelo público. Quem perde a transmissão ao vivo tem a oportunidade de acessar os vídeos posteriormente, o que eleva o público à casa do milhão.

Feita a análise geral do que temos hoje em termos de opções de plataformas e de marketing nas mídias sociais, vamos agora

falar um pouco do futuro. Em primeiro lugar, é muito claro quanto as mídias sociais nos prepararam para o Metaverso. Por meio delas, "aprendemos" a criar nossas representações de nós mesmos, a falar com a câmera, a perceber o que traz melhores resultados na comunicação.

Aprendemos, também, a trabalhar com a nossa Janela de Johari, a clássica ferramenta conceitual da Psicologia, criada na década de 1950, que representa a dinâmica das relações interpessoais. Os quadrantes da janela envolvem aquilo que você sabe sobre você mesmo e os outros também sabem (o "eu aberto"), aquilo que você não sabe sobre você e os outros enxergam em você ("eu cego"), aquilo que você sabe sobre você e os outros não sabem ("eu secreto"), e aquilo que nem você nem os outros sabem sobre você ("eu desconhecido").

As mídias sociais nos ajudaram, enfim, a refletir sobre o que pode ser público e o que deve ser privado, e sobre as diferenças entre como nos vemos e as pessoas nos veem, além da comparação entre a imagem que queremos construir de nós mesmos e a vida real "fora das redes sociais". Essas questões prometem se acentuar ainda mais com o Metaverso – será, mais ou menos, como sair do Ensino Médio e entrar na faculdade.

Vamos agora falar de maneira mais estruturada de algumas partes importantes desse novo mundo, a exemplo dos *criptoativos*. Eles podem ser definidos, em linhas gerais, como moedas digitais protegidas por técnicas de criptografia. Isso significa que os dados digitais e as operações executadas são codificados para evitar qualquer tipo de vazamento ou fraude.

Essas moedas levam diferentes nomes – as mais conhecidas são *Bitcoin* e *Ether* (que faz parte do *blockchain Ethereum*). Além das moedas, os ativos da Web 3.0, baseados em criptografia, envolvem uma série de alternativas para o mercado, como os já descritos NFTs.

Os memes têm sido o melhor exemplo de aplicação dos NFTs. Embora sejam livremente reproduzidos, é possível certificar a posse do "original" a partir de quem o criou, o que está possibilitando o surgimento de um mercado incrivelmente promissor para esses produtos.

Um exemplo foi a venda por 1.696,9 *Ethers*, em junho de 2021, do meme Doge num leilão virtual – disseminada em 2013, a imagem mostra uma cadela, da raça Shiba Inu, com uma expressão que parece demonstrar um misto de preocupação e medo. No dia da negociação, esse montante equivalia a cerca de US$ 4 milhões.

Quem comprou o meme o fez imaginando que o ativo seria amplamente valorizado com o passar dos anos e poderia ser vendido por um valor superior ao que tinha sido pago. É uma lógica de investimento inspirada no mercado tradicional de artes. Embora a *Monalisa* possa ser vista nas mais diversas reproduções, em livros, revistas e catálogos, há apenas um original. É esse original que vale milhões e milhões de dólares – um valor tão alto que, na verdade, nem pode ser mensurável.

O fenômeno da tokenização certamente veio para ficar. Trata-se da solução, ou, ao menos, de um caminho para amenizar um dos problemas mais relevantes do mundo digital, a segurança dos dados.

O token é um tipo de registro que garante a originalidade e a exclusividade dos produtos e bens que circulam na Internet, como no caso NFT. É graças a essa tecnologia, em grande parte, que a propriedade intelectual vem ganhando crescente valor. Por isso, boa parte das plataformas de mídias sociais atuais está, aos poucos, inserindo NFT em suas tecnologias, pois, em breve, boa parte dos ativos de uma mídia social – fotos, vídeos, links, seguidores – será tokenizada. É o que já vemos, por exemplo, nas movimentações do *YouTube*.

Os criptoativos são baseados na tecnologia de *blockchain*, que armazena em lotes ou blocos, de forma descentralizada, as informações relacionadas a essas transações. Inicialmente, havia muita desconfiança sobre as operações envolvendo criptoativos, movimento natural de resistência quando surge algo tão novo e revolucionário. Hoje, no entanto, grandes instituições financeiras, investidores e empresários já se deram conta do futuro grandioso das moedas criptografadas.

Até porque essas serão as moedas típicas da Web 3.0 e do Metaverso, ambientes que proporcionam um imenso potencial de consumo e de relacionamento com o público. E, como já descrevi, não estamos falando apenas de entretenimento, mas de interfaces que surgirão com as mais diversas áreas da vida e da economia.

Essas tecnologias permitem dar autenticidade e exclusividade a bens digitais, que passam a ser únicos. Trata-se de um mercado totalmente novo que está se abrindo. A monetização do Metaverso exigirá, obrigatoriamente, a adesão aos ativos financeiros criptografados. Quem resistir a essa realidade estará fora do jogo.

Se durante os tempos de Web 2.0 fomos replicando comportamentos da pracinha, da rua das butiques e da sala do cafezinho nas redes sociais, agora "realmente" poderemos criar todos esses espaços no Metaverso. Assim, algumas tendências começam a ficar mais claras a partir de iniciativas que vão se materializando. É o caso do *Decentraland*, jogo composto por uma experiência virtual em 3D que tem a proposta de conectar a realidade física ao ambiente on-line. Nele é possível construir um mundo próprio, como no *Minecraft*, e relacionar-se com outras pessoas, como no *Second Life*.

O *Decentraland* se tornou tão popular que sua moeda nativa, a MANA, está entre os criptoativos que mais se valorizam. Com a lógica do jogo sendo baseada na descentralização e na escassez de recursos, para criar desejo e valorização, o ambiente é composto por 90 mil unidades em forma de NFT, adquiridas inicialmente em um leilão. Na comparação com o mundo real, é como se fossem lotes em uma cidade.

Os convidados podem circular, percorrendo os diferentes cenários criados pelos proprietários. Esses "turistas", assim como os demais proprietários, são alvo em potencial dos mais diversos tipos de vendas realizadas ali.

Ninguém tem dúvida de que a nova geração de consumidores participará amplamente dos espaços de realidade virtual. Assim, o *Decentraland* se tornou um bom indicativo, para as empresas, da direção que as relações de consumo tomarão nesse novo mundo.

O marketing terá que se envolver nessas questões. Além do trabalho de design, da estruturação dos espaços, é preciso "povoar" esses espaços. Para isso, será preciso criar atividades nas "pracinhas", lojas e sedes virtuais.

No *Metaverso,* o trabalho de community manager terá o status de gestor de espaços no mundo virtual.

O amadurecimento da Realidade Virtual (RV) e da Realidade Aumentada (RA) certamente está também no centro de todo esse processo. Trata-se, no caso da RV, da criação de mundos inexistentes, como no exemplo da descida de caiaque numa corredeira. No caso da RA, estamos falando da possibilidade de transformar a maneira como enxergamos o ambiente ao nosso redor, adicionando elementos virtuais a uma base real – o *Pokémon Go*, jogo que virou uma febre praticamente do dia para a noite em 2019, será lembrado como a primeira experiência de muita gente com RA.

Com a evolução dessas tecnologias, todos os nossos sentidos serão convocados a participar. Poderemos descer a corredeira com a sensação de água espirrando no rosto, embora fisicamente não haja líquido algum, ou caminhar por um campo de flores sentindo o perfume específico de cada espécie.

As experiências virtuais proporcionam uma vantagem atraente: permitem que façamos coisas que jamais faríamos na vida real, ou que envolveriam muitos riscos. Você não morrerá afogado caso o seu caiaque vire durante a descida virtual pela corredeira. E poderá saltar de *bungee-jump* sem medo, ou ter a sensação de participar de uma largada de corrida de Fórmula 1 com a certeza de que sairá ileso. Quem sabe, até jantar "ao lado" daquele ator ou atriz que tanto admira...

Nesse fascinante mundo virtual que se aproxima, o céu é o limite. Ou melhor, nem o céu é o limite: não há limites.

Pilar 3 – Base de Dados e CRM

Um dos grandes ativos da Web é a quantidade de dados que armazenamos – isso reforça a importância de criar uma boa base de dados e cultivar o contato de clientes. Ano após ano, vemos a importância desse relacionamento com o público. O famoso termo em inglês *Customer Relationship Management*, ou CRM (que pode ser traduzido como Gestão de Relacionamento com o Cliente), nasceu baseado em informações, como nome, telefone e endereço, e nos últimos anos foi fortemente direcionado para a coleta e disparo de e-mails.

Embora venha perdendo a popularidade entre os mais jovens, que preferem as ferramentas instantâneas de comunicação, como o *WhatsApp*, o e-mail ainda é uma importante ferramenta de marketing digital. Além do e-mail marketing, é possível trabalhar também uma base de telefones para o envio de mensagens.

Trata-se de uma modernização da tradicional mala direta, o envio de correspondências para um grupo de destinatários selecionados como clientes ou que supostamente têm o perfil de clientes em potencial.

Digo "supostamente" para lembrar de uma verdadeira praga surgida com a popularização do e-mail marketing: os spams. São mensagens enviadas em grande volume, sem nenhuma preocupação prévia em selecionar destinatários que poderiam realmente se interessar pelo conteúdo.

Os spams se tornaram cada vez mais identificáveis automaticamente e têm péssima imagem, pois estão associados a golpes e vírus. Muitas empresas adotaram os spams por causa do baixíssimo custo do envio de e-mails, mas já está comprovado que mandar e-mails aleatoriamente é mau negócio para a reputação da empresa e também para os resultados, pois a taxa de conversão é baixíssima. Além do mais, a Lei Geral de Proteção de Dados (LGPD) estabeleceu a possibilidade de multa de até 2% do faturamento anual à empresa que adotar a prática.

Por outro lado, gerir bem uma base de dados pode trazer excelentes resultados. Cada vez mais, o caminho para isso é apostar no relacionamento. O ideal é que a empresa crie o próprio mailing, cuidadosamente construído com a autorização prévia dos destinatários, cujas preferências e interesses devem ser investigados e respeitados.

No caso do e-mail marketing, é importante também investir em um bom título e no apelo visual das mensagens, para diferenciá-las das correspondências eletrônicas que todos nós recebemos.

Se você conseguiu fazer a pessoa abrir seu e-mail, é preciso causar impacto. Oferecer, de forma clara e imediata, algo que possa interessá-la. Seja um assunto, uma novidade (como o lançamento de um novo produto) ou a oferta de vantagens envolvendo um produto ou serviço.

Para algumas empresas, especialmente de comércio on-line, o e-mail marketing é o canal que traz as melhores taxas de conversão, podendo muitas vezes representar uma fatia significativa das vendas.

É importante oferecer uma opção para que o destinatário possa deixar de receber as mensagens e ter cuidado com a frequência dos envios – uma ou no máximo duas vezes por semana é uma boa referência para começar e ir testando e avaliando suas métricas.

Outro ponto relevante, quando falamos da criação de uma base de dados, é que boa parte das plataformas possui formas de utilizar e-mails e telefones de usuários como ponto de partida para segmentação. São as formas de segmentação para compra de mídia, normalmente chamadas de "públicos personalizados". Esse recurso está disponível nos anúncios da *Meta* (*Facebook* e *Instagram*), *Twitter, LinkedIn*, entre outras plataformas.

É possível, por exemplo, falar com uma lista de pessoas que já compraram um determinado produto de uma empresa e estão há alguns meses sem comprar, ou até mesmo falar com pessoas que visitaram um determinado estande de uma feira.

O avanço do *cookieless*, processo em que os navegadores irão gradualmente deixar de registrar informações por *cookies* em respeito às novas exigências de privacidade dos usuários, trará um enorme impacto às estratégias de remarketing. Hoje, quando um usuário acessa um site e depois passa a receber propaganda desse mesmo site em várias plataformas, essa ação só é possível por causa dos *cookies*.

Na ausência dos *cookies*, a principal forma de fazer remarketing é por meio de uma base de usuários. Por isso, é extremamente importante criar o hábito de construir bases de dados.

O melhor hobby que você pode ter é colecionar contatos de clientes.

Claro que, em tempos de LGPD, isso deve ser feito com toda a segurança, seguindo os padrões técnicos de registro, documentação, tempo de armazenamento e garantia de privacidade. Esses procedimentos são trabalhosos e exigem uma série de cuidados, mas, cada vez mais, os profissionais de marketing precisam entender a necessidade de criar uma base de usuários sólida e se relacionar com esse público.

No Metaverso, teremos ainda mais informações sobre o comportamento do nosso público. Por outro lado, a Web 3.0 traz a promessa de proteção da privacidade, por meio da descentralização e até mesmo com a perspectiva de anonimato com a criação de avatares, como já descrevi. Um avatar poderá virar um excelente cliente, com ótima reputação e crédito, sem que seja revelado quem é a pessoa física ou a empresa por trás dele.

Ainda não sabemos quanto será possível para as marcas coletar dados *off-chain* (aqueles que não são processos em *blockchain*), mas é clara a tendência de proteção de informações. Assim, tudo que conhecemos hoje sobre coleta de dados e relacionamento com o público pode mudar.

Além disso, a descentralização trazida pela Web 3.0 remete a uma série de outras dúvidas. Quais serão os riscos legais e regulatórios envolvidos? Como combateremos discursos de ódio, desinformação, crimes cibernéticos, *deep fake*? De que forma a comunidade de usuários da Internet enfrentará esses problemas? Seremos capazes de criar estratégias eficazes de monitoramento e punição?

E a questão geográfica? Como a diluição dos nossos arquivos em diversos países será equacionada em questões práticas, como a formulação de processos judiciais? Como saber quem deve ser processado e onde o processo deve ser aberto?

Ainda não temos clareza sobre tudo que acontecerá com a Web 3.0 e o Metaverso, pois o caminho será iluminado à medida que avançarmos. No que diz respeito aos dados sincronizáveis entre os mundos (ou seja, nos casos em que o avatar "coincidir" com a pessoa real), provavelmente poderemos criar experiências exclusivas para "pessoas conhecidas". Um exemplo foi realizado pela Lojas Renner, que, em busca de reforçar sua cultura corporativa, organizou um evento no Metaverso para juntar mais de 5 mil líderes dos diversos países em que opera.

Tendo isso em mente, e sabendo de antemão que a plataforma de Metaverso da *Meta* (antigo *Facebook*) provavelmente terá o login feito com uma conta existente de *Facebook*, poderemos utilizar públicos personalizados. Ao fazer um recorte em nossas bases de e-mail para os melhores compradores, por exemplo, será possível reuni-los no Metaverso para um evento exclusivo.

Pilar 4 – Disseminação

Essa estratégia costumava ser chamada de "viralização", mas o termo ficou de tal forma desgastado que passamos a adotar "disseminação" para substituí-lo. Trata-se da possibilidade de disseminar uma mensagem rapidamente pela Internet a partir do velho princípio do "boca a boca", só que agora potencializado "n" vezes em relação à comunicação um a um de antigamente. Kotler diz que "a melhor publicidade é aquela feita pelos clientes satisfeitos" – nada como dar um empurrãozinho nessa propagação.

Hoje a comunicação se dá facilmente de um para muitos, o que possibilita a disseminação de mensagens em progressão geométrica. A ideia é criar mensagens – e-books, estudos, *whitepapers*, cartilhas digitais, modelos de planilhas e, principalmente, vídeos ou imagens – que tenham uma trajetória autônoma de "autodivulgação".

Um formato comum são frases de efeito, dicas rápidas ou pensamentos impactantes em formato de pílulas de conteúdo em vídeos (muitas vezes chamadas de *nuggets* de vídeos, *shorts* ou "vídeos *nutella*"). São ótimas formas potenciais de disseminação – e que, muitas vezes, podem ser extraídas de materiais já disponíveis, como entrevistas, palestras, *lives*, *videocasts* e podcasts.

É preciso, no entanto, que as pessoas se sintam suficientemente impactadas para ter a motivação de repassar a mensagem. Aliados fundamentais para isso são recursos de "encantamento", como informação rica, ineditismo, emoção, humor ou surpresa.

Outro fator relevante para que uma ação assim tenha sucesso é construir um bom relacionamento com as pessoas que receberão a mensagem. Isso aumenta a chance de que elas retransmitam o material às próprias redes, disseminando rapidamente aquele conteúdo.

No Brasil, temos o fenômeno do *WhatsApp*, que, pela facilidade de disseminação, tornou-se a plataforma por excelência para divulgação desse tipo de mensagem – em que a marca muitas vezes pode aparecer sutilmente, talvez apenas na assinatura final de um vídeo interessante ou no rodapé de uma frase de um grande autor, ou até mesmo nos créditos de um documento em pdf.

Pode ser um grande diferencial ter uma estratégia de assessoria de imprensa e um bom relacionamento com *influencers*, incluindo-os na estratégia de mídia paga – o famoso *publieditorial* ou *publipost* –, para que sejam catalisadores da divulgação da mensagem.

O desafio de tocar o usuário para que esteja aberto a receber mensagens, e de preferência passá-las adiante, continuará sendo cada vez maior para os profissionais de marketing. Isso pode ser feito pela razão, pela emoção, ou por um combinado das duas. Nesse processo misto, as pessoas engajadas com a marca (ou seja, conquistadas pelo coração) indicam amigos e, com isso, recebem algum brinde ou mesmo recompensa financeira (um "agrado" para a razão).

O Metaverso será fortemente baseado na estratégia *Member get member* (Membro traz membro), em que indicações são recompensadas de alguma forma. É a modernização e sofisticação da tradicional "propaganda boca a boca" do tempo dos nossos avós.

As possibilidades nesse campo são enormes e, dependendo da criatividade de quem planejar as estratégias, quase infinitas. Imagine uma situação em que uma marca oferece um prêmio, como um NFT exclusivo ou qualquer outro tipo de ativo digital, a quem trouxer mais participantes para um evento. Os agrados podem contemplar também os convidados do usuário vencedor dessa espécie de gincana. Todos poderão receber a mesma roupa para avatar, por exemplo, e participar do evento como um time, com grande visibilidade para a marca de roupas envolvida.

Outra promessa de grande sucesso no Metaverso são as ações gamificadas de busca de objetos escondidos, os famosos *Easter Eggs* (Ovos de Páscoa), expressão muito usada nos games e na tecnologia em geral para fazer referência a algo que está "escondido" dentro de uma mídia. Um bom exemplo foi realizado pela Brahma numa ação dentro do Metaverso Cidade Alta, na qual a marca distribuiu latas de cerveja pela cidade virtual e os avatares que as encontrassem poderiam levá-las até o Bar Brahma do Metaverso e trocar por cupons do *iFood*, com descontos para usar no mundo físico.

Pilar 5 – Pesquisas On-line

As iniciativas de marketing sempre se basearam fortemente em pesquisas, e o advento da Internet facilitou essa atividade. Antes, era extremamente caro colocar pessoas dentro de uma sala para fazer um *focus group* e perguntar a opinião delas sobre determinado produto ou serviço. Agora, conectadas à rede, as pessoas trocam informações e conversam sobre produtos 24 horas por dia, sete dias por semana.

Produzir pesquisas tornou-se um processo potencialmente bem mais ágil e barato. Com ferramentas de monitoramento de palavras-chave, que conseguem coletar informações em tempo real nas mídias sociais que conhecemos hoje, é possível descobrir o que está sendo dito sobre um determinado produto – com a possibilidade, ainda, de obter recortes de horário, cidade e até mesmo bairro, pois a Web 2.0 trouxe essa necessidade de as pessoas compartilharem o dia a dia como forma de expressão e de socialização.

Considerando que boa parte das pessoas está com o celular o tempo todo na mão, basta um simples formulário on-line e uma base de contatos correta, para em algumas horas coletar respostas de centenas de pessoas sobre uma determinada experiência. Até mesmo fazer uma simples busca no *Instagram*, *Twitter*, *YouTube* ou algum grupo de *Facebook* pode ser uma fonte de informação sobre o que as pessoas estão falando na Internet sobre um tema específico.

O grande publicitário David Ogilvy, uma das maiores referências em *copywriting* da história da propaganda e fundador da agência Ogilvy no século passado, já dizia que **"as pessoas da publicidade que ignoram os estudos de mercado são tão perigosas como os generais que ignoram os sinais do inimigo".**

Se no marketing digital não temos dúvida de que a pesquisa é fundamental para o sucesso das ações planejadas, com a segmentação necessária e dentro das expectativas do público-alvo, no *metamarketing* isso será ainda mais importante, pois os avatares estarão literalmente imersos nesse mundo.

A disposição de ouvir o público inclui identificar suas opiniões e que tipo de produto o interessaria, para que o desenvolvimento seja baseado nessas informações, e não o contrário – desenvolver produtos que a empresa *imagina* que serão interessantes para o público. Uma boa pesquisa auxilia em todos os processos: na redação, design, segmentação e na estratégia como um todo.

Há vários tipos de pesquisa. De novos mercados, de opinião do consumidor, de ações, do histórico de propaganda e de produtos dos concorrentes, cada uma exigindo uma estratégia específica.

Como fontes de informação, pode-se usar tanto aquelas que já estão disponíveis na Internet quanto a obtenção direta de informações dos consumidores – dependendo, para isso, da criação prévia de um bom relacionamento, como enfatizei há pouco. Além, claro, da infinidade de estudos de casos, pesquisas anuais de comportamento de público e de tendências.

Com a quantidade de dados disponíveis atualmente, não pesquisar antes de fazer qualquer tomada de decisão é um enorme fator de risco.

As pessoas ficam horas e horas pesquisando sobre roteiros para as férias, funcionalidades do carro ou do celular que desejam, mas muitas vezes não se dão ao trabalho de fazer uma simples pesquisa antes de abrir uma empresa ou de criar uma estratégia de marketing.

No Metaverso, as pesquisas serão ainda mais cruciais, considerando-se a diversidade de plataformas projetada. Da mesma forma que, atualmente, uma empresa não consegue e nem deve estar em todas as mídias sociais, no Metaverso teremos um cenário semelhante, só que bem mais complexo. Será crucial saber em que plataforma o seu público está, onde o seu público está interagindo mais, e a partir disso desenvolver a melhor estratégia.

Tudo isso se faz com pesquisa. Uma boa notícia é que, considerando a grande quantidade de eventos que teremos no Metaverso, provavelmente não será difícil recrutar grupos de avatares para realizar pesquisas no tradicional modelo de *focus group*, com facilidade e custo baixo.

Isso implica estar sintonizada com o ambiente geral e, ao mesmo tempo, criar diferenciais dentro da plataforma. A marca precisará parecer "nativa" daquele mundo, mas não pode descuidar da inovação e da criatividade. Lembrando sempre que o posicionamento no Metaverso precisará estar alinhado ao posicionamento no mundo físico.

Pilar 6 – Compra de Mídia On-line

A compra de mídia on-line ou publicidade on-line depende diretamente do pilar anterior, a pesquisa on-line, pois o conhecimento do mercado é fundamental para que seja feito um investimento correto e assertivo. Quanto mais informação, histórico e dados para o desenvolvimento de um bom plano de mídia, maior a chance de sucesso para uma campanha.

Aqui estamos falando, basicamente, de compra de mídia em portais, mídias sociais, sites e outras possibilidades da Internet. Bill Bernbach, lendário diretor de criação nos Estados Unidos, dizia que **"fazer negócios sem publicidade é o mesmo que acenar para alguém no escuro. Só nós sabemos o que estamos fazendo".**

O investimento publicitário sempre foi uma ferramenta importante do marketing, seja ele on-line ou off-line. A publicidade na Internet começou com os banners estáticos em sites, o que repetia em grande parte a lógica da mídia tradicional. Muitos outros recursos surgiram desde então.

Diante dessa diversidade, o mais importante é ter em mente que não adianta tentar "transplantar" a lógica de outros veículos para a Internet. As campanhas têm que ser pensadas e desenvolvidas desde o início focando na integração dos veículos, e não apenas replicando algo da mídia tradicional para a mídia digital, pegando ideias e modelos da mídia tradicional para tentar aplicá-las no on-line. O mesmo valerá para o que vem por aí. Não se trata de apenas transferir a lógica da Web 2.0 para a Web 3.0, ou da Internet para o Metaverso.

É preciso ter em mente que investimento é um pilar essencial de qualquer negócio. Não adianta ter ótimos textos, lindas fotos, contratar modelos, fotógrafos ou até mesmo ter alguém dedicado exclusivamente a produzir conteúdo, se esse conteúdo não for distribuído por meio de investimentos em anúncios, *Facebook*, *Instagram*, *YouTube*, *LinkedIn* etc.

Ainda que as pessoas passem uma quantidade de tempo enorme utilizando o celular e imersas nas mídias sociais, o conteúdo diário publicado, a chamada estratégia *always on*, tem sofrido grandes impactos com a diminuição gradativa da entrega orgânica das plataformas, aquela parcela de posts distribuída gratuitamente aos seguidores ou inscritos.

Como essa entrega alcança uma parte cada vez mais restrita do público, é crucial que seja previsto investimento para sustentar o conteúdo produzido. O cenário ideal é que 100% dos posts sejam impulsionados com, pelo menos, o valor mínimo permitido pelas plataformas.

Lá por volta de 2015 comecei a utilizar um jeito engraçadinho de passar essa mensagem aos meus clientes e alunos:

Quem vive de orgânico é a Bela Gil. Sua marca precisa investir.

É claro que, quanto maior o investimento, especialmente se bem segmentado, melhores serão os resultados. Por isso é fundamental começar a investir, mesmo que pouco, em todo o material que for publicado.

Frequência, constância e solidez são os atributos-chave para a distribuição de conteúdo. É melhor colocar R$ 10 em cada um dos posts publicados ao longo do mês do que R$ 1.000 em apenas um post no mês. Isso faz parte do jogo centralizado da Web 2.0. Como a casa é alugada, não ditamos as regras: precisamos entendê-las e segui-las da melhor forma possível.

Por isso, além da distribuição do conteúdo diário, boa parte das campanhas de publicidade on-line pode e deve ser planejada com antecedência, a partir do calendário de datas festivas: Dia dos Pais, Dia das Mães, Dia da Criança, Dia dos Namorados, Natal etc. Para alguns tipos de negócio, essas datas são cruciais. Por isso, deve-se planejar antecipadamente o orçamento para compra de mídia nessas datas.

Vale lembrar sempre que, nesses períodos, boa parte dos anunciantes coloca uma carga considerável de investimento, então isso pode inflar os custos por resultado. Em momentos de maior concorrência, prepare-se para pagar um pouco mais caro do que o habitual por cliques e impressões.

Uma boa prática é criar oportunidades próprias e exclusivas, a exemplo do aniversário da sua marca ou do estabelecimento. Para planejar as campanhas, pode-se também pensar em temáticas mensais que não dependam apenas das datas festivas universais ou nacionais.

Como o modelo atual de compra de mídia continua seguindo a lógica que já veio da Web 1.0 e mesmo do marketing pré-Internet, provavelmente não teremos grandes mudanças no curto prazo, mesmo na Web 3.0. Então, no mundo ideal, a verba de veiculação deve ser sempre maior do que a verba de produção. O que isso quer dizer? Se você está fazendo uma sessão fotográfica, não deve investir mais no fotógrafo e modelos do que pretende aplicar para veicular a campanha, por exemplo.

A mídia paga do Metaverso unirá o melhor do on-line e o melhor do off-line dentro de um novo mundo virtual. Do on-line, teremos todas as possibilidades de dados, segmentação, análise de resultados e personalização para os usuários. Do off-line, trazemos múltiplas possibilidades de intervenção urbana.

Espalhar anúncios em prédios do Metaverso é a ideia mais básica. Até já estamos de certa forma "habituados" à visão de uma cidade cheia de propagandas holográficas, pois esse cenário faz parte de vários filmes futuristas, a exemplo de *Blade Runner, Jogador Número Um* e *Eu, Robô*. Outros formatos de inserção de marcas que provavelmente se tornarão corriqueiros no Metaverso serão o uso de mobiliário urbano patrocinado ou de objetos no interior dos estabelecimentos.

Mas as possibilidades de ações e intervenções são múltiplas. É um cenário que, ao menos nos primeiros tempos do Metaverso, proporcionará a liberdade criativa tão sonhada pelos publicitários. Pode-se, por exemplo, promover uma queima de fogos de artifício, fazer nevar exclusivamente num ambiente ou distribuir rosas a um determinado perfil de público.

Mas é claro que nem tudo serão flores. Se na Web 2.0 uma parte considerável de pessoas já resiste à publicidade e faz de tudo para bloquear anúncios, na Web 3.0 e nas plataformas do Metaverso haverá o desafio de fazer com que a mídia seja imersiva e atraente, a ponto de "não incomodar" e não atrapalhar as atividades dos avatares.

Tudo será um grande aprendizado – da mesma forma que ocorreu com a Web 1.0, que não recebeu muito crédito de antemão e teve um caráter bastante experimental, até se consolidar como um dos maiores canais de exposição das marcas e de compra de mídia.

A utilização crescente do Metaverso impulsionará naturalmente a necessidade de as empresas anunciarem nele. Afinal, o tempo do ser humano é escasso e, quanto mais tempo for dedicado ao Metaverso, menos tempo as pessoas terão para consumir propaganda em outros lugares.

Pilar 7 – Monitoramento e Métricas

Praticamente tudo que é feito no marketing da era digital pode e deve ter os resultados medidos. Essa visão trouxe mudanças significativas para toda a estrutura de marketing das empresas desde a Web 1.0.

"Achômetros" e desperdícios deixaram de ser tolerados com o avanço das métricas, que amadureceram muito desde o início da Internet. Tudo agora precisa ter o Retorno do Investimento (ROI) comprovado com números. Ou, ao menos, deveria ser assim: todos os dados mensurados, com uma boa definição de metas e o seu acompanhamento.

O monitoramento é a integração de toda a estratégia. Deve ser feito sistematicamente para buscarmos o atingimento das metas e saber aonde estamos indo. Há uma frase sobre monitoramento que gosto bastante, do Dan Zarrella, autor do livro *A Ciência do Marketing*, um dos primeiros grandes profissionais a trabalhar com análise de dados digitais: **"Marketing sem dados é como dirigir com os olhos fechados"**.

Além do monitoramento de resultados, temos também outro tipo fundamental de acompanhamento, normalmente chamado de *social listening*, ou monitoramento de palavras-chave nas mídias sociais. Essa prática ganhou importância, entre outros fatores, por ser um rico manancial de informações relacionadas à imagem da marca. É possível, por exemplo, saber em tempo real o que está sendo dito sobre um serviço, ou avaliar a percepção de marca de um concorrente 24 horas por dia.

Por meio dos serviços de métricas nativos das plataformas, conseguimos acompanhar uma grande variedade de dados: alcance, volume de visualizações, crescimento das bases de usuários, seguidores, inscritos, engajamento nos posts, retenção de público em conteúdos de vídeo etc. O importante é ter uma definição clara dos objetivos e estabelecer uma rotina de coleta e documentação dos dados.

Na Web 2.0, como o anonimato ainda não é uma prática comum, conseguimos saber uma enorme quantidade de informações sobre uma determinada pessoa – gênero, idade, geolocalização etc. E, quando falamos de sites, temos uma infinidade de métricas Web que podem ser acompanhadas: de onde vieram os visitantes, o que eles viram dentro do site, tempo de permanência, se o tráfego principal é orgânico ou pago, qual conteúdo foi mais acessado, que página ou produto está performando melhor.

Alguns pontos que devem ser avaliados no dia a dia da Web 2.0 e das mídias sociais, e comparados semana a semana, mês a mês, são a frequência de postagem, a qualidade dos investimentos, o CPC (Custo por Clique), a CTR (*Click Through Rate*, a taxa de cliques), o CPM (Custo por Mil, referente ao valor pago para cada grupo de mil pessoas atingidas), o engajamento e o CPE (Custo por Engajamento).

Hoje, qualquer empresa ou profissional consegue estruturar um modelo de acompanhamento anual com uma simples planilha de Excel. Isso já é um ótimo começo. Claro que, quanto mais crítico o negócio e quanto maior o volume de dados, mais complexo será esse fluxo.

No *metamarketing*, ao menos inicialmente, as principais métricas continuarão sendo próximas daquelas que têm sido usadas no marketing digital. Algumas dessas métricas são o número de acessos a um determinado local, visualizações de um anúncio e tempo de permanência. Outras referências importantes serão as métricas que hoje associamos a eventos, como quantidade de pessoas, horários de entrada e de saída, locais visitados, consumo/compras etc.

As métricas relacionadas às rentabilizações dos espaços no Metaverso provavelmente serão um ponto-chave para as estratégias. Empresas podem construir outdoors em seus imóveis no Metaverso e vender espaço publicitário, exatamente como acontece no mundo físico. Além, é claro, da possibilidade de venda de seus ativos como NFT.

Antes de qualquer passo em direção à Web 3.0 e de pensar em uma experiência lucrativa no Metaverso, no entanto, deve-se estabelecer uma base sólida na Web 2.0. Isso envolve olhar se a empresa está captando *leads* e como está essa geração deles – fator crucial para a construção da base de dados –, além de avaliar o crescimento e o engajamento do público, o tráfego do site, a quantidade e as origens dos acessos. Tudo isso vai ajudar a demonstrar se a estratégia está funcionando.

No Metaverso, métricas baseadas em "experiências" serão mais importantes do que alcance, impressões e visualizações. Afinal, as conversões no Metaverso vão exigir que o avatar chegue a um determinado local, de tal forma que o número de *destinations* que o avatar vai visitar e o número de "passos" para chegar nesses lugares, além do tempo gasto para isso, serão indicadores relevantes.

No universo *mobile* e nos aplicativos, estamos acostumados a metrificar dados, como tempo de permanência dos usuários, geolocalização, orientação da bússola, toques, cliques, slides e movimentos do celular. Para as ações da Web 3.0, principalmente as que envolvem Realidade Aumentada ou Realidade Virtual, com o uso de óculos, passaremos a considerar também métricas como *Eye Tracking* (mapeamento do comportamento visual), movimentos de cabeça, movimentos das mãos, análises biométricas (para medir, por exemplo, o estado emocional dos usuários e como eles reagem aos estímulos visuais e sensoriais).

Além disso, as métricas também serão fortemente afetadas pelas aplicações das novas tecnologias, como as compras e pagamentos via *smartwatch* (relógio de pulso digital) e as buscas por voz.

Nos espaços de interatividade 3D, e principalmente no Metaverso, será importante rastrear onde as coisas acontecem e qual a localização geoespacial. Porém, como haverá uma enorme quantidade de variáveis envolvidas, precisaremos ter um grande foco em utilizar as métricas para responder às perguntas específicas, desenvolver uma hipótese e planejar como será feita essa coleta. Aos poucos, vamos começar a ouvir falar sobre CDP (*Customer Data Platform* – Plataforma de Dados do Cliente), um local para concentrar os dados de múltiplos Metaversos em *dashboards* customizáveis.

No *metamarketing* será preciso, mais do que nunca, ter agilidade. Claro que o conhecimento prévio – ler, estudar, conhecer o mercado – é importante, mas não basta ter o conhecimento teórico sem colocar a mão na massa, com atenção constante ao que está acontecendo de fato.

As métricas contribuem não apenas para demonstrar a qualidade dos serviços ou produtos, mas também para construir um diálogo eficaz por meio de números. Esses resultados só são obtidos quando estabelecemos um fluxo de acompanhamento, com um comparativo de dados.

E os dados nos ajudam a contar histórias. Ao adotarmos o hábito de monitorar resultados, de produzir relatórios, de realmente buscar respostas nos números – ou seja, ao seguirmos uma sistematização bem-feita –, esses dados passarão a ser determinantes sobre a qualidade do trabalho que a marca vai disponibilizar para o seu público.

6

COMO NAVEGAR POR ESSE MUNDO

Ao longo dos anos, desenvolvi um método para ajudar clientes e alunos a navegar pelo mundo do marketing. É uma metodologia baseada num circuito que se retroalimenta, composto pelas etapas **ENTENDER, PLANEJAR, FAZER e MEDIR.**

Essas etapas reproduzem o caminho natural que precisamos percorrer quando estamos diante de qualquer problema para resolver ou de uma tarefa a cumprir. Se você parar para pensar, há sempre essas mesmas quatro etapas a seguir.

Assim, a metodologia vale tanto para o presente quanto para o futuro, pois se adapta às novas demandas trazidas pela Web 3.0 e pelo Metaverso. Trata-se de uma metodologia atemporal.

A primeira etapa é **ENTENDER** qual é o problema ou a tarefa a executar, fazer um diagnóstico do cenário em torno da questão.

A etapa seguinte, após entender o cenário, é **PLANEJAR** as ações. Definir uma estratégia do que será feito para resolver o problema ou cumprir a tarefa.

Uma vez conhecido o cenário e definida a estratégia de ação, chega o momento de **FAZER**. Ou seja, colocar efetivamente a mão na massa para resolver o problema ou realizar a tarefa.

Por fim, depois de fazer, é preciso **MEDIR**, para verificar a eficácia da estratégia planejada e realizada. Se o problema foi de fato resolvido ou a tarefa cumprida, ou se o progresso foi parcial e é preciso continuar trabalhando na missão.

E aí reinicia-se o ciclo: um novo entendimento, o que leva a um novo planejamento e a novas ações.

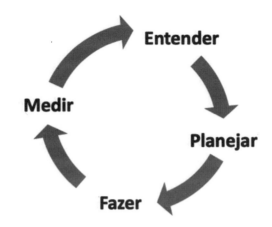

Pode-se dizer que praticar o bom marketing digital, ou o bom *metamarketing* no futuro próximo, é tornar esse ciclo permanente e retroalimentado: ENTENDER, PLANEJAR, FAZER e MEDIR, com cada uma dessas etapas sempre fortalecendo a próxima.

No que diz respeito ao planejamento macro do marketing, toda empresa deve reiniciar esse processo no mínimo a cada ano, ou mesmo a cada seis meses, a partir do ciclo **ENTENDER**.

Quando o mecanismo estiver realmente funcionando bem, as etapas deixam de ser vistas de forma separada e se realizam simultaneamente. É como um pião com várias cores, que, dependendo da velocidade de rotação, ganham um padrão único.

Assim, embora as fases **ENTENDER, PLANEJAR, FAZER** e **MEDIR** sejam aqui didaticamente apresentadas como independentes, devem caminhar juntas numa estratégia madura e consolidada. Vamos agora destrinchar o que cada uma dessas etapas significa.

ENTENDER

O que eu classifico como ENTENDER é o resultado de uma soma entre dois fatores principais. A experiência do profissional – tudo aquilo que a pessoa já sabe, domina – e *insights* extraídos de um diagnóstico produzido para uma situação específica.

O primeiro passo a ser dado antes de qualquer planejamento é compreender a empresa, da forma mais ampla possível: o mercado em que ela atua, com quem pretende falar, quais os principais concorrentes e como está se posicionando em relação a esses concorrentes.

A construção do cenário geral pode ser feita com a ajuda de uma pesquisa de mercado, produzida por institutos especializados. Desse trabalho costumam surgir informações adicionais relevantes sobre o público-alvo.

Se não houver verba para contratar uma pesquisa, a saída é realizá-la da melhor forma com os recursos internos. Como já vimos, a pesquisa on-line veio justamente para baratear esse processo – então, muitas vezes, basta um formulário on-line para começar. Deve-se listar as questões que serão respondidas e definir os critérios: quantas e quais pessoas serão ouvidas, que tipo de estatística será produzida e em quais fontes.

O profissional de marketing é como um médico, que precisa avaliar os sintomas do paciente e depende de alguns exames para fazer o diagnóstico. Só com esses dados é possível planejar e executar o melhor tratamento.

Uma forma simples de começar a gerar entendimento é partir de uma matriz CSD (Certezas, Suposições e Dúvidas):

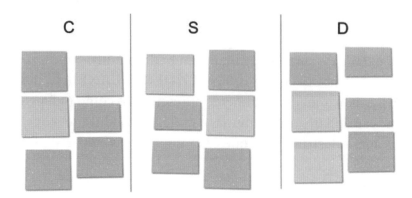

Com esse recurso, você pode começar a discutir as diferentes percepções com os demais membros da equipe, clientes, funcionários ou qualquer outra pessoa envolvida no processo. E entender, de maneira estruturada, o que já sabemos sobre a marca, quais as hipóteses para a ação planejada e quais dúvidas precisamos esclarecer para traçar os objetivos.

Para isso, é importante que o profissional de marketing tenha uma visão mais ampla do mercado, assim como um médico de determinada especialidade precisa ter uma boa noção geral do funcionamento do corpo. Só assim será possível entender como o seu foco de atenção atua no organismo como um todo e que relações tem com as outras áreas.

Infelizmente, boa parte dos profissionais que atuam em marketing torna-se tão focada nas ações específicas da área que não busca uma compreensão mais ampla do mercado. Ter noções de economia e de macroambiente é, contudo, obrigatório para quem pretende atuar mais na estratégia e menos no tático.

É preciso saber muito mais do que o meme do dia ou a *trend* do momento: deve-se acompanhar o contexto político, econômico e comportamental do Brasil e do mundo para compreender possíveis fatores externos que podem impactar a marca. Também é fundamental, claro, manter-se atualizado sobre os novos conceitos, como os abordados neste livro.

É preciso ter sempre em mente que o marketing digital e o *metamarketing* fazem parte de uma cadeia. Precisam estar dentro do planejamento de marketing como um todo – que, por sua vez, deve estar inserido no planejamento de negócio da empresa.

Assim, a ordem natural e esperada é que a empresa tenha um plano de negócio, de onde sai o planejamento de marketing. A partir disso define-se a estratégia digital, em meio a várias outras iniciativas do marketing tradicional: anúncios em veículos impressos, patrocínios, organização de eventos etc.

O que muitas vezes acontece é uma grande confusão em torno do papel do marketing digital – confusão essa que poderá se estender ao *metamarketing* se a empresa não tomar consciência disso.

É comum ver empresas, principalmente as de menor porte, que tentam desenvolver ações nas mídias sociais sem ter um plano de marketing definido – e, pior, sem sequer ter um plano de negócios, o pilar inicial obrigatório de qualquer empreendimento.

Vou contar um caso real bastante simbólico. Certa vez, fui procurado por uma empreendedora de moda que tinha um pequeno negócio. A demanda que a levou até mim era desenvolver uma estratégia de marketing para o *Facebook*.

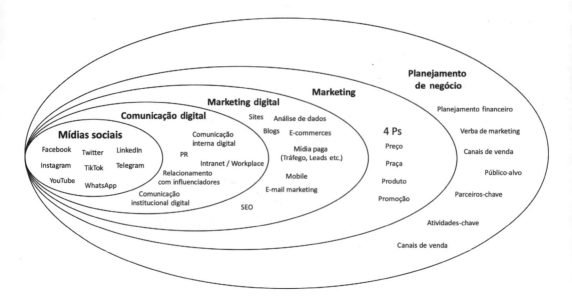

Estranhei o pedido tão específico, pois isso normalmente é feito por empresas muito bem estruturadas e maduras – que, aí sim, podem identificar a necessidade pontual de agir numa determinada plataforma e contratar uma consultoria para recomendar uma ação precisa, "cirúrgica".

Fui conversar com a cliente. De imediato percebi a ausência completa de uma estratégia para as mídias sociais, pois não havia planejamento de marketing digital, nem de marketing como um todo.

Contudo, a fonte do problema era ainda anterior. Não havia sequer um plano de negócio definindo as diretrizes gerais do empreendimento. O que havia era um esboço feito sem muito cuidado, traçado cinco anos antes, no início da empresa, que desde então jamais havia sido revisitado ou atualizado.

Tudo vinha sendo feito no improviso, no "achômetro". O perfil da empreendedora tornava tudo ainda mais difícil. Ela era extremamente concentradora e tinha grandes dificuldades para planejar e delegar.

Sugeri que a empresa desse vários passos para trás e retornasse ao início de tudo, ao plano de negócios. Reforcei que, naquele momento, só poderia ajudá-la da parte do marketing para a frente – e que, antes disso, ela precisava de um consultor especializado em estruturação do empreendimento.

Recomendei também que, em paralelo, a empreendedora fizesse um processo de *coaching* para ajudá-la a se reorganizar e modificar sua forma de pensar e agir, extremamente centralizadora.

Indiquei ambos os profissionais e ela decidiu aceitar as sugestões, levando em conta que os custos desses profissionais seriam provavelmente cobertos pela redução dos desperdícios e pelos ganhos que a reestruturação traria à empresa, como de fato ficaria comprovado.

Fui acompanhando o processo com os demais profissionais, fazendo algumas recomendações pontuais para auxiliar no dia a dia, orientando os processos táticos mais emergenciais, pois o barco já estava andando e precisava gerar resultados.

Dessa forma, fomos preparando o terreno para voltar a tratar de um planejamento de marketing digital mais estruturado alguns meses adiante, quando o cenário já fosse outro. A empreendedora havia compreendido plenamente a minha posição no início da conversa, e manifestava gratidão por eu ter sido transparente e cuidadoso.

Poderia ter fingido que não havia nada de errado na empresa, do ponto de vista estrutural, e traçar uma estratégia de marketing no *Facebook* que a convenceria facilmente de que meu trabalho havia sido extremamente positivo. Mas o meu perfil profissional não é esse. Na consultoria, gostamos de ir a fundo; caso enxerguemos a necessidade de melhorias, certamente nos posicionaremos. Não temos o compromisso de simplesmente agradar quem nos contrata, e sim de usar nossa expertise para melhorar o negócio de quem nos contrata.

Quando essa cliente chegou até mim, considerava que não havia grande necessidade de conhecer o mercado de forma mais ampla. Na visão dela, o seu produto era artesanal, criativo e "único" – dessa forma, simplesmente não havia concorrência.

Isso é uma ilusão. Todo produto tem concorrentes. Por mais que uma joia possa ter características de exclusividade, certamente está concorrendo com outras joias na mesma faixa de preço pela preferência do público.

Além disso, ainda que o produto seja totalmente inédito e único – o que é muito difícil de encontrar –, a concorrência deve ser pensada de forma indireta: que outras destinações o cliente em potencial poderia dar para o mesmo dinheiro?

Um exemplo hipotético: se muitos jovens deixam de assinar TV a cabo porque preferem investir em um modelo mais sofisticado de celular (tendência que poderia ser eventualmente constatada em pesquisas), está configurado um exemplo de concorrência indireta. Quando estivermos plenamente na Web 3.0, num contexto de produtos 100% digitais, tanto a concorrência direta quanto a indireta serão muito maiores. Basta imaginar a grande variedade de NFT que teremos.

Quando pensamos em entender o cenário do marketing digital e do nascente *metamarketing*, o primeiro ponto é ter uma visão geral de como funciona o mercado. Um dos entendimentos necessários é de que as formas de planejamento e de execução podem variar muito, dependendo de uma série de circunstâncias, como a área de atuação e o porte da empresa.

O mais comum em grandes corporações é a estratégia ser planejada internamente e executada por fornecedores externos. Nesses casos, a área de marketing tem um papel essencialmente estratégico: define as diretrizes e se mantém em interface com uma série de prestadores de serviços que executam a parte tática. Com o avanço do marketing 5.0, teremos uma enorme entrada de tecnologia no marketing, o que deve ampliar o volume de fornecedores.

No cenário atual, muitas empresas nas quais o marketing digital é crucial para a sobrevivência do negócio preferem internalizar a equipe para ter controle total dos processos e agilidade na execução. É o caso de grandes e-commerces em geral. Nessas empresas, a agilidade é fundamental para aproveitar oportunidades e ajustar o mais rápido possível os rumos de uma ação ou campanha.

O Magazine Luiza, por exemplo, fez uma transição gradual e bem-sucedida de rede de lojas físicas para um grande centro virtual de compras. A empresa montou um laboratório interno de Tecnologia e Inovação, o LuizaLabs, quando constatou que apenas as parcerias com os fornecedores externos não dariam conta do volume de trabalho projetado.

A transformação foi tão profunda que o Magazine Luiza passou a contribuir para que outras empresas realizassem a transição para o digital. Transformou-se num *marketplace*, plataforma digital em que lojistas podem realizar seus processos de venda, pagamento e logística.

E as inovações continuaram: com a criação do Magazine Você, o *social* e-commerce da marca, as pessoas podem vender sem precisar de capital de giro. Os clientes compram com base nas recomendações dos amigos, donos da loja, que recebem uma comissão.

O Metaverso poderá reproduzir essa lógica, com inúmeras "lojinhas" de vendedores autônomos. Para que isso ocorra, em breve teremos equipes focadas no Metaverso dentro das empresas, assim como hoje o LuizaLabs é focado em inovação.

Considerando esse quadro geral, pode-se dizer que um profissional estará mais próximo das definições estratégicas do marketing se ele trabalhar dentro de uma grande empresa, e não numa prestadora de serviços, onde a tendência é seguir o que foi determinado pelo cliente como estratégia de marketing. Nesses casos, normalmente as empresas prestadoras de serviços tendem a ter um papel executor ou criativo.

É o caso das agências de comunicação, por exemplo, que são muitas vezes responsáveis pela criação de campanhas, promoções e ações de comunicação que vão servir como ponte para atingir os objetivos de marketing. Ou das produtoras de conteúdo, que, em geral, vão executar a parte operacional da produção de texto, imagens, filmes etc. Ou mesmo das produtoras de tecnologia, geralmente responsáveis por desenvolver sites, aplicativos, *landing pages*, entre outros recursos.

Já existem fornecedores para criar experiências de Realidade Aumentada, shows no Metaverso ou coleções de NFTs. Tudo isso indica que os prestadores de serviços tendem a ter um viés mais criativo, enquanto o profissional de marketing segue responsável pela estratégia geral. Nada disso está escrito em pedra, entretanto vai depender muito da relação cliente e fornecedor, e da abertura que cada um tem para contribuir.

Eu, que já fui dono de agências de publicidade, trabalhei em departamentos de marketing e hoje presto consultoria, tenho clientes nos dois lados do balcão, empresas e agências. Gosto sempre de lembrar que, para separar o joio do trigo e não se meter em roubadas, é importante buscar referências das agências e fornecedores com os quais se pretende estabelecer qualquer tipo de relação – seja como profissional, seja como cliente.

Além da óbvia análise do portfólio do fornecedor, uma precaução recomendável é verificar se o parceiro em potencial está filiado a associações ou instituições de classe. Embora não seja uma garantia de boa prestação de serviços, este é um filtro inicial interessante para checar quanto a agência ou o fornecedor estão conectados ao ecossistema. Trata-se de um ponto especialmente relevante, principalmente quando estamos falando do responsável pela compra de mídia. Outra possível referência é verificar se há certificações de plataformas, como *Meta, Google, RD Station, HubSpot* etc. ou se são parceiros homologados dessas plataformas.

Outro entendimento importante no cenário do marketing diz respeito à atuação de uma consultoria. Em sua essência, esse trabalho tende a ser estratégico: fazer diagnósticos e apontar caminhos.

Boa parte das consultorias ou mesmo consultores independentes tendem a não operacionalizar o trabalho em geral. Normalmente, a execução cabe a uma agência, a freelancers ou mesmo à equipe interna de marketing.

O foco da consultoria tende a ser análises, recomendações e acompanhamento. O que fazemos em minha empresa, por exemplo, é sempre capacitar o cliente ao máximo, para que não fique dependente do fornecedor e que possa caminhar sozinho a partir de determinado momento.

É uma forma de proceder que adotamos para demonstrar o comprometimento com o crescimento e evolução do cliente. O ápice do trabalho é quando a marca/cliente/empresa está pronta e segura para não precisar mais da consultoria naquela área específica.

Nesse processo de entendimento da marca, uma confusão frequente que se vê no mercado é aquela que envolve marketing e *branding*. Não cabe ao marketing, seja ele tradicional, digital ou *metamarketing*, tomar qualquer decisão isolada de *branding*, e sim seguir diretrizes de construção de marca que devem fazer parte do planejamento do negócio – ou seja, algo que precisa estar muitos passos antes de qualquer atividade de marketing.

O *branding* diz respeito a temas amplos, como a estratégia de mercado e a construção da marca. Está atrelado a um conjunto de ações e estratégias focadas em reforçar a imagem positiva da empresa diante dos diversos públicos com os quais ela se relaciona – consumidores, colaboradores, fornecedores e até mesmo concorrentes.

O marketing é uma das ações e estratégias que compõem o *branding*. Deve ser planejado, assim, para reforçar a percepção que a empresa deseja passar, em sintonia com seus objetivos estratégicos e com pilares como, por exemplo, a Missão, a Visão e os Valores.

Muitas empresas que já estão no mercado há algum tempo podem estar enfrentando a necessidade de redefinir a gestão da marca, em razão da visibilidade, credibilidade, solidez ou tudo isso junto.

O *branding* é um grande guia, um farol que indica a direção para a qual a empresa deve seguir.

Isso inclui o treinamento dos funcionários para praticar e transmitir os valores e as causas defendidas pela empresa. E inclui também referências para as estratégias de marketing.

Como já enfatizei, a construção de marca dentro do ambiente digital deve ser um desdobramento do que já foi previsto para a marca como um todo – não se trata de algo novo, a ser iniciado do zero. Tudo que se faz em termos de marketing digital, assim como ocorrerá no *metamarketing*, precisa seguir as diretrizes da marca.

Ao desdobrar uma ação do off-line para o on-line, ou do digital para o *Metaverso*, o pensamento deve ser sempre o mesmo: como agregar valor e trazer diferencial para essa narrativa?

Um diagnóstico bem-feito funciona não apenas como base do planejamento inicial, mas também como referência para as atualizações dos principais pontos desse planejamento. Como eu já mencionei, é indicado que a metodologia composta pelos ciclos ENTENDER, PLANEJAR, FAZER e MEDIR seja oficialmente reiniciada a cada ano, ou até mesmo a cada seis meses.

Para que você possa compreender melhor a dimensão do trabalho na etapa do ENTENDER: quando aplicamos esse ciclo nas consultorias que minha empresa realiza, a fase de diagnóstico raramente dura menos de duas semanas.

Apenas em negócios muito pequenos é possível reduzir esse prazo. Quando estamos falando de empresas maiores, essa fase pode se estender por até três meses – depende também do ritmo em que o trabalho é executado. Se for, por exemplo, um e-commerce que já está rodando, é preciso um bom tempo para analisar a estrutura do site, a diversidade dos produtos e as estratégias adotadas até então.

Um projeto como esse pode requerer a participação de cinco pessoas ou mais para levantamento de informações. Na consultoria, normalmente contamos com um time multidisciplinar de parceiros especializados em investigar aspectos específicos, como experiência do usuário (a UX, citada anteriormente), SEO, qualidade das imagens do site, textos, descrições, ranqueamento de termos-chave, análise de mídia paga, mídias sociais etc.

Outro caminho, dependendo da estrutura disponível no cliente, é orientá-lo para que ele mesmo obtenha as informações necessárias à construção do diagnóstico. Nesse caso, montamos uma planilha com a definição dos dados necessários.

Essa é uma boa opção porque já inclui o treinamento da equipe interna do cliente para repetir o processo no ciclo seguinte. Com a ampliação gradual das ações relacionadas à Web 3.0 e ao Metaverso, será preciso incrementar ainda mais essa capacitação.

Ao final de um bom processo de entendimento, geralmente é possível elencar alguns concorrentes diretos da empresa. Além disso, é importante identificar marcas ou empresas aspiracionais, frequentemente as líderes de mercado – mesmo não concorrendo diretamente com a empresa, funcionam como uma boa base comparativa.

Por tudo isso, o planejamento deve incluir o acompanhamento sistemático de alguns concorrentes. O ideal é identificar de três a cinco – de preferência diretos, aqueles que atuam na mesma área – e criar uma tabela com vários dados relacionados às estratégias e ações

ANÁLISE DE CONCORRÊNCIA				
Plataforma	**Seguidores**	**Tipo de conteúdo**	**Frequência de publicação**	**Engajamento**
Marca	xxxx mil	▬▬▬		▬▬▬
Concorrente 1	xxx mil		▬▬▬	
Concorrente 2	xxxx mil			
Concorrente 3	xxxx mil		▬▬▬	

Esta é uma versão simplificada. Baixe a versão completa pelo QR Code.

digitais. O exemplo a seguir é focado nas mídias sociais, mas pode servir como base para outros tipos de avaliações, a exemplo de *influencers* ou plataformas do Metaverso:

Trata-se, inclusive, de um exercício de humildade: aprender ao observar o que os outros estão fazendo é sempre um bom caminho. O que os profissionais e as empresas bem-sucedidas nas mídias sociais fazem em termos de conteúdo, linguagens, *hashtags*? Como conseguem humanizar a presença digital?

Use o QR Code para baixar o modelo de planilha de avaliação.

Para acompanhar os concorrentes, há um caminho básico: acessar os respectivos sites e as principais mídias sociais. A partir dessas informações públicas, associadas a ferramentas pagas ou gratuitas, como *woorank*, *Google testmysite*, *similarweb* e *spyfu* (para análise de sites) ou *hypeauditor* e *socialblade* (para as mídias sociais), é possível estruturar uma planilha com dados relevantes.

Alguns desses dados: Em quais mídias sociais a empresa está presente? Qual a estratégia de atualização de conteúdo adotado em cada uma dessas plataformas? Quantos inscritos e seguidores a empresa tem? Quais os números de curtidas e compartilhamentos em relação à base de inscritos e seguidores? Que tipo de publicação alcançou maior repercussão? A empresa recorre a anúncios? Trabalha com influenciadores? Trabalha bem sua estratégia de disseminação? Oferece iscas de conteúdo, como e-books e planilhas? Tem um serviço digital de atendimento ao consumidor (SAC digital)?

Vale também acompanhar como está o posicionamento dos concorrentes nos buscadores, quais as principais palavras-chave utilizadas, se o concorrente está usando bem sua base de dados e se está enviando e-mails ou mensagens. É importante, ainda, avaliar o possível investimento da concorrência no *Facebook*, no *Instagram*, se esses investimentos envolvem anúncios no *Google* etc.

Para incrementar o pacote de informações sobre os concorrentes, pode-se também analisar relatórios publicados pela empresa e, eventualmente, reportagens na imprensa. Se não há verba para pagar uma empresa especializada em produzir *clipping* (conjunto de citações na mídia sobre uma determinada palavra-chave – no caso, o nome do concorrente), há o *Google Alerts* como alternativa. Trata-se de um serviço que não tem a mesma eficácia de um *clipping* profissional, mas é gratuito e ajuda a construir esse cenário.

Entre vários outros temas, as notícias publicadas podem ajudar a esclarecer se os concorrentes já estão no Metaverso, se possuem NFT ou se têm alguma outra iniciativa relacionada à Web 3.0.

Há a possibilidade de recorrer a ferramentas, gratuitas ou pagas, que avaliam as características de um site, como as palavras-chave utilizadas e a velocidade – isso é importante, porque os sites são um grande ativo da Web 2.0 e, se o site demora muito para ser carregado, provavelmente terá menor desempenho e impacto no posicionamento das buscas. O próprio *Google* tem uma ferramenta, o *Test My Site*, que faz essa avaliação gratuita de qualquer site – o seu e os dos concorrentes – e sugere ações para melhorar o desempenho.

Há, ainda, o caminho de adotar algumas técnicas consagradas do marketing tradicional, a exemplo do cliente oculto – alguém que visita uma loja ou estabelecimento comercial para avaliar o atendimento e os serviços. Claro, sempre respeitando os limites éticos. Afinal, não se trata de espionagem. Não é o caso, por exemplo, de procurar funcionários ou ex-funcionários para descobrir segredos das outras empresas.

Um procedimento aceitável é fazer uma compra, acompanhar o processo de atendimento do site, enviar *directs* no *Instagram*, mandar uma mensagem no *WhatsApp*, ligar para o telefone de atendimento e entender como a empresa se comporta nesses cenários. Caso o concorrente já esteja no Metaverso, é importante conhecer a plataforma e até mesmo fazer uma "visita".

Acompanhar os concorrentes ajuda a empresa a entender mais claramente onde está posicionada em termos de marketing digital e de *metamarketing*, e como poderia melhorar seu desempenho nesses campos. Esse diagnóstico oferece informações reveladoras mesmo para quem imagina dominar tudo sobre a empresa para a qual trabalha.

> ## A princípio, no ciclo de ENTENDER o mercado, muitos consideram que não vão descobrir nada relevante ao analisar os concorrentes. Essas pessoas são sempre surpreendidas.

É claro que, neste momento, temos exemplos mais tangíveis relacionados à Web 2.0. Se um dos meus concorrentes tem um conteúdo que está bombando no *YouTube* e minha marca nem sequer está nessa plataforma, é preciso investigar. Pode até ser que, no final das contas, o melhor caminho seja continuar fora do *YouTube*, mas essa decisão deve ser baseada em dados e informações concretas.

O ideal é transformar as principais informações coletadas em um painel de fácil visualização, utilizando símbolos universais, a exemplo de carinhas tristes (demonstrando que a empresa está mal naquela plataforma em comparação aos concorrentes avaliados), sérias (meio-termo) e alegres (está bem naquela plataforma).

	Marca	Concorrente A	Concorrente B	Concorrente C
Blog	😐	🙁	🙁	🙁
Instagram	🙂	🙂	😐	🙂
Facebook	🙂	😐	🙂	🙂
YouTube	🙁	🙁	🙁	🙁
TikTok	🙁	🙁	🙂	🙁

A importância de conhecer melhor as estratégias dos concorrentes vale tanto para as pequenas quanto para as grandes empresas. As grandes, aliás, frequentemente mantêm estratégias engessadas, que chegam envelopadas do exterior e não consideram as peculiaridades locais como deveriam – muitas vezes porque não houve uma nacionalização correta, pela falta de cuidado ou profundidade na etapa de ENTENDER.

No momento de atualização do diagnóstico, a cada ano ou seis meses, é importante verificar se a lista de concorrentes continua fazendo sentido, ou se é preciso excluir ou incluir alguma empresa.

Se um dos concorrentes acompanhados tem atuação pífia no digital como um todo, se está estagnado nas mídias sociais, se o site não está recebendo atualizações de conteúdo, se não tem um volume de acessos relevante, ou se a empresa parou totalmente de investir em compra de mídia e tráfego pago, não faz sentido continuar acompanhando-a tão de perto. Afinal, o objetivo é extrair aprendizados desse monitoramento.

Da mesma forma, se chegar o momento em que as demais marcas acompanhadas já tenham estratégias rodando para a Web 3.0 – utilizando NFTs, criando produtos virtuais, participando de plataformas de Metaverso – e uma delas sequer colocou o pé em tudo isso, é o caso de repensar se vale continuar acompanhando esse concorrente.

O marketing digital e o *metamarketing* não são nem serão caldeirões mágicos de onde saem poções milagrosas para resolver todos os problemas de uma empresa. Bill Bernbach, o já mencionado diretor de criação norte-americano, diz que **"o inesquecível nunca surge de uma fórmula"**.

Certa vez, fui chamado por um colégio para fazer um trabalho de marketing digital, com a missão específica de atrair novos alunos. Logo percebi que o problema estava em grande parte na falta de autonomia da área de marketing.

Na sua origem, o marketing deveria cuidar dos quatro Ps (Produto, Preço, Praça e Promoção, como já vimos), mas isso estava longe de ocorrer nesse caso, assim como acontece com muitas outras marcas.

Há no mercado brasileiro uma certa cultura de que o marketing existe para cumprir o papel de "garoto de recados" de outras áreas, o que gera inúmeros problemas.

No caso do colégio, não havia muito o que fazer em termos de **Praça** – a instituição estava instalada desde a fundação num mesmo lugar e, naquele momento pré-pandemia, não tinha iniciativas de ensino a distância, nem a pretensão de tê-las no médio prazo (não se falava ainda em Metaverso, mas, de qualquer forma, o perfil do cliente certamente não é de *early adopter*). Já o **Preço** ficava inteiramente nas mãos do departamento financeiro, enquanto o **Produto** era responsabilidade exclusiva do setor acadêmico.

O marketing não tinha autonomia e sequer participação sobre as definições em qualquer um desses aspectos. Assim, precisava focar sua atuação exclusivamente na **Promoção**, por meio da comunicação digital, mas sem o menor poder de decisão sobre tudo o que estaria sendo promovido.

É o que chamo de atuar como um mero "garoto de recados". E o pior é que, numa estrutura assim, os prováveis resultados insatisfatórios da Promoção costumam ser atribuídos inteiramente ao marketing, quando ele é apenas o reflexo de uma cadeia problemática desde o início.

A área de marketing não participava da definição dos preços, nem do desenho dos produtos, mas ainda assim tinha a responsabilidade de trazer novos alunos, podendo apoiar-se exclusivamente na comunicação. Era uma área condenada a se tornar fazedora de posts e eventual apagadora de incêndios.

Essa é uma dor antiga do marketing e deve se acirrar nos próximos anos, já que, no marketing 5.0, a tecnologia será protagonista para criar um bom nível de experiência e de proximidade com o público. Mesmo falando de um colégio no mundo físico, no entanto, há muito a fazer no Metaverso para se aproximar dos alunos e, principalmente, buscar a rentabilização – com a venda de uniformes para os avatares, por exemplo. A questão continuará sempre sendo entender o público e suas necessidades.

Se a empresa não olhar para dentro e atacar seus pontos fracos, a área de marketing pode criar a campanha mais criativa, fazer o anúncio mais bacana e ainda assim irá enfrentar grandes dificuldades. O marketing digital – e daqui para a frente o *metamarketing* – deve estar no centro dessa análise, pois hoje é possível fazer uma pesquisa de produto e de precificação com muita facilidade.

Muitas vezes, como descrevi no caso do colégio, encontramos esse tipo de dificuldade na relação com as empresas que contratam a nossa consultoria. Muitas marcas esperam uma abordagem que fique limitada ao marketing digital, mas há casos em que é preciso falar de aspectos mais gerais, questões com as quais talvez a empresa não estivesse pronta para lidar.

Ainda assim, eu digo o que considero que precisa ser dito, como fiz no caso do colégio. Defendi mais autonomia e poder de influência para a área de marketing. Se a empresa tomou alguma decisão a partir disso, é uma questão interna, que muitas vezes vai precisar de um longo tempo de maturação. Mas a semente foi plantada.

Numa empresa, tudo deveria funcionar de maneira holística, integrada. Afinal, trata-se de um ecossistema. Quando iniciamos um projeto de marketing, na maior parte dos casos não é possível prever com exatidão onde o trabalho vai parar. Normalmente define-se um escopo inicial, mas, conforme o trabalho vai se desenvolvendo, muitas vezes vemos que o buraco está bem mais embaixo. Ou, quando solucionamos uma questão, novos objetivos ou novos problemas podem surgir.

Já estamos vivenciando, em muitos clientes, a prospecção relacionada à Web 3.0. É o momento de buscar o entendimento e de experimentar algumas ações. Em que Metaverso devemos estar presentes? E iniciativas com meta-humanos, já é hora de testar algo nesse sentido?

Em razão de toda a complexidade do caminho entre o início e o fim de um trabalho de consultoria, é comum que os projetos sejam estruturados com remuneração por hora, a partir da referência do escopo inicial. Nesses casos, o importante é que haja uma demonstração clara de como as horas contratadas estão sendo usadas, com foco em resultados tangíveis, amarrados a uma boa estrutura de metas.

Ao longo desse processo, é preciso ENTENDER o ecossistema de influência da marca. Para alguns mercados, trabalhar com influenciadores é muito importante. O diagnóstico dos concorrentes pode, inclusive, evidenciar a necessidade de seguir por esse caminho.

Há dois equívocos clássicos em relação aos chamados *influencers*. O primeiro é de quem imagina não ter caixa para isso, por ser caro demais. O segundo é de quem imagina que não há influenciador no mercado em que a empresa atua. Aliás, com os influenciadores virtuais ou meta-humanos, essa visão fará cada vez menos sentido, pois surgirão avatares para os mais diversos segmentos.

Sempre há um *influencer* que cabe no orçamento disponível. Há desde aqueles com muitos milhões de seguidores até os que têm alguns milhares, mas podem ser interessantes por causa da qualidade da rede.

É mais ou menos como pensar em anunciar numa revista de grande circulação, que vai atingir um amplo público geral, ou numa revista segmentada ou revista de bairro, com uma tiragem bem menor, mas que tem um público muito mais interessado naquele conteúdo específico.

Certamente paga-se mais no primeiro caso, mas o retorno de visibilidade será proporcionalmente maior no segundo caso. Nesse ponto, cabe avaliar qual é o objetivo principal que estamos buscando: visibilidade, tráfego, conversão, vendas? Para cada estratégia, o tamanho e especificidade do *influencer* pode ser um ponto decisivo para o sucesso.

Claro que, quando falamos dos influenciadores, há características importantes que os diferenciam das revistas, como o toque pessoal, o poder de influência e a diversidade criativa.

Outro ponto sensível, ressalto mais uma vez, é que o número de seguidores, por si só, não quer dizer muita coisa. É um erro pensar que há uma associação automática entre número de seguidores e alcance. Há influenciadores com uma grande base de seguidores não engajados, usuários suspeitos, contas com automação ou mesmo *fakes*.

Espera-se que, na Web 3.0, os princípios de descentralização e de transparência se ampliem para as mídias sociais, como caminho para que se tenha mais confiança na rede. Uma possível ideia é ter robôs que, uma vez plugados em determinado perfil, possam fazer um diagnóstico detalhado dos seguidores.

E há quem aparentemente não tenha grande visibilidade, considerando-se a análise fria e isolada dos números, mas impacta muito positivamente aquele mercado ou nicho específico.

Lembro do caso de uma empresa especializada em customização de veículos (especialmente ônibus, para bandas de música, times de futebol etc.). Quando começamos a atender essa empresa, saímos à procura de um possível influenciador.

Durante a etapa de ENTENDER, chegamos a alguém que não era tão óbvio: o dono de um blog dedicado à paixão por ônibus. Ele tinha

2 mil seguidores na época, mas eram pessoas que estavam plenamente dentro do perfil de público que buscávamos para a marca. Cada um daqueles seguidores tinha um alto potencial de disseminação, em suas respectivas redes, de informações relacionadas ao tema.

Quando apresentamos a ideia à marca, houve certa resistência, pois, baseada no número de seguidores, a empresa não apostava em resultados significativos em eventuais parcerias com o blog.

Fizemos um teste. Sem custo algum nesse primeiro momento, o *influencer* foi convidado a acompanhar o trabalho de customização de um ônibus. Ele postou livremente no blog e nos seus canais de mídias sociais sobre o que havia visto, e a repercussão foi excelente.

Essa experiência inicial deu ainda mais visibilidade ao influenciador – o blog passou a aparecer em primeiro lugar nas pesquisas do *Google* sobre personalização de veículos – e abriu caminho para novas iniciativas em conjunto, remuneradas. O sucesso se comprovou pelas estatísticas de conversão.

Sempre haverá, portanto, um influenciador sob medida para as necessidades, o bolso e o tamanho do cliente. Se é um negócio de bairro, o influenciador pode ser alguém do bairro. Chegar ao nome ideal depende de experimentação – o que não é um problema, pois a aproximação e os primeiros testes podem ser feitos sem que ambas as partes tenham muito a perder, como no caso relatado.

Para as ações no Metaverso, teremos uma enorme vantagem, que é a eliminação de barreiras. Inicialmente, a mais relevante será o idioma, mas mesmo essa tende a ser rapidamente superada em razão da evolução das ferramentas de tradução.

Apesar do caráter comercial, a relação de uma empresa com um *influencer* deve ser construída. A aproximação por parte da empresa pode começar sem remuneração envolvida, com o envio de informações, *press kits* (ou, como cada vez mais estão sendo chamados, os *influencer kits*, buscando exclusividade e diferenciação em comparação com os materiais mais padronizados distribuídos à imprensa) e produtos – conhecidos no mercado como "recebidinhos".

Lembrando sempre que, quando há caráter comercial numa ação, é importante que isso fique claro para o público. O Conselho Nacional de Autorregulamentação Publicitária (Conar) recomenda o uso de hashtags que indiquem essa relação, a exemplo de #publi e #publieditorial.

Em uma atualização recente, o Conar vetou o uso de #ad, aplicada no mercado americano (abreviação de *advertisement*, que significa propaganda), por considerar que não é uma associação imediata e transparente para todo o público brasileiro.

Use o QR Code para baixar o Guia para publicidade com influenciadores digitais.

Não são ainda todos os *influencers* que seguem essas orientações, nem todas as marcas que exigem esse procedimento, principalmente porque há quem considere que isso tira valor da iniciativa. Mas a visão deveria ser exatamente a contrária. Num cenário em que a transparência deve ser o mandamento número um, seguir as recomendações do Conar é uma atitude positiva – que, além disso, podem evitar multa e até mesmo processo, caso considere ter havido má-fé e prejuízo à sociedade civil.

A *Meta*, por meio do *Facebook* e *Instagram*, já oferece formas padronizadas de declarar o conteúdo comercial de uma publicação, com o tagueamento específico sobre parcerias com marcas. A vantagem desse método é que a marca pode mensurar os resultados e impulsionar a publicação por meio de um anúncio.

Quando a marca começa a lidar com *influencers*, precisa passar por um processo de aprendizagem. Tudo isso faz parte da fase de ENTENDER. A experimentação demanda muita pesquisa, busca qualificada por opções e conversas com os possíveis *influencers* selecionados. Não se deve esperar um sucesso absoluto já na primeira ação.

É preciso ter sempre em mente que, em se tratando de marketing digital e de metamarketing, testar é uma coisa, mas tomar decisões por "achismo" é outra bem diferente.

Testar é algo para fazer, de forma saudável, tendo muitas informações prévias à disposição. Já o "achismo" significa fazer testes a esmo, sem ter base em informações consistentes. A chance de acerto é, naturalmente, muito maior no primeiro caso.

E como fica o ciclo de ENTENDER na Web 3.0 e no Metaverso? Ele passa, primordialmente, por um diagnóstico do cenário, incluindo uma boa pesquisa dos concorrentes e de *cases* de mercados correlatos, para compreender melhor quais são as possibilidades. Ou seja, o velho e bom *benchmark* continua valendo.

O desafio das marcas é entender cada uma das plataformas, testar, perceber como os avatares se comportam, avaliar custos de terrenos, volume de usuários, a trajetória de cada plataforma e quem está por trás delas. É uma missão complexa.

Aos poucos, o perfil de cada plataforma ficará mais claro, mas é preciso que os profissionais de marketing se antecipem nessas definições, pois isso certamente significará sair na frente.

É importante ter sempre em mente uma característica-chave dos usuários do Metaverso: eles buscam, acima de tudo, autenticidade. Querem desfrutar da oportunidade de ser quem realmente são, ainda que disfarçados em avatares.

PLANEJAR

Muita gente tende a achar que a parte mais importante do marketing é a execução, colocar a mão na massa, mas o coração do processo, na realidade, vem antes disso. Para que a execução de uma estratégia de marketing seja bem-sucedida, é preciso **PLANEJAR** com detalhes o que será feito, com base no diagnóstico obtido na etapa anterior da metodologia, ENTENDER.

Na essência, o planejamento para ações no Metaverso e na Web 3.0 não será muito diferente do que temos na Web 2.0 e no mundo físico. Continuará sendo importante manter-se conectado aos valores da empresa e ao seu planejamento financeiro, com o propósito primordial de atender aos objetivos do negócio.

É claro que, na fase inicial do Metaverso, um dos objetivos do planejamento pode ser simplesmente "estar lá para ver como isso funciona". Assim como, um dia, o objetivo das marcas em relação à recém-criada Internet foi simplesmente ter um domínio ou um site para demarcar território e entender melhor aquele novo mundo.

No marketing digital que vivemos hoje, a fase do planejamento normalmente se estende por um tempo proporcional ao ciclo de ENTENDER, onde fazemos o diagnóstico. Assim, se o diagnóstico precisou de um mês para ser realizado, o planejamento, na maioria das vezes, deve ter prazo semelhante.

Estamos falando dessas duas fases como independentes e idealmente realizadas uma na sequência da outra, mas isso nem sempre é viável – há situações em que é preciso realizá-las simultaneamente.

Tive várias situações, na época de agência, em que foi preciso assumir a conta de um cliente e ir tocando o feijão com arroz, como o *always on* das mídias sociais ou pequenas atualizações de site, enquanto o diagnóstico era feito e as pontas soltas iam sendo amarradas. Tudo ao mesmo tempo.

Quando se fala em **PLANEJAR**, é sempre importante lembrar, mais uma vez, que há etapas anteriores ao marketing digital e ao *metamarketing* que precisam estar resolvidas. Insisto nisso porque é muito importante; ter um plano de negócios estruturado e atualizado é um antecedente obrigatório. Do plano de negócios se destrincha a estratégia de marketing e, a partir disso, define-se o que será feito no campo digital.

Como já descrevi, é comum encontrar empreendedores que pensam que o plano de negócios e a estratégia de marketing são uma coisa só. Ou, pior, que a estratégia de marketing é o plano de negócio.

Por isso vemos empresas publicando posts que não conversam com ninguém, produzindo conteúdos totalmente ineficazes, criando campanhas voltadas a um público que jamais comprará aquele tipo de produto. E certamente veremos uma infinidade de ações produzidas no Metaverso que não receberão um único avatar ou, então, aplicações de Realidade Virtual que não serão utilizadas por ninguém. Esses problemas não estão relacionados diretamente às plataformas e às tecnologias, e sim a como a marca se prepara para esses ambientes.

Planejar significa definir não apenas as ações necessárias, mas também aonde se pretende chegar com essas ações. É preciso estabelecer um objetivo prioritário para o ciclo de marketing que se inicia – que pode ser de um ano ou mesmo de seis meses, no caso de empresas cujo faturamento depende muito fortemente dos canais digitais.

Ao longo do desenvolvimento do *metamarketing*, provavelmente veremos muitas ações experimentais ou mesmo pontuais – mas que, ainda assim, devem estar amarradas a todo o ecossistema de marketing. No já citado exemplo da Brahma, que distribuiu latas de cerveja virtuais no Metaverso, esses "mimos" podiam ser transformados em cupons de desconto no *iFood*, para que os donos dos avatares pudessem desfrutar deles no mundo físico. Ou seja, o *metamarketing* deve estar conectado às ações do marketing tradicional e digital.

Em marcas multinacionais, principalmente aquelas com matriz nos Estados Unidos, é comum o planejamento ser dividido por *quarter*, correspondente ao que entendemos como trimestre no Brasil. Isso faz com que os ciclos sejam mais rápidos, o que facilita o controle das metas.

O objetivo central deve ser definido num contexto mais amplo, que envolva toda a empresa e esteja alinhado às diretrizes do negócio como um todo. Pode ser, por exemplo, aumentar a visibilidade da empresa, ampliar o engajamento do público ou conquistar a liderança de um determinado mercado.

Todas as ações devem estar claramente associadas ao objetivo central definido. Aliás, isso vale para as demais áreas da empresa. Se o objetivo é ser líder de mercado, por exemplo, será preciso aumentar o faturamento, o que implica reforçar a força de vendas.

O marketing pode dar apoio a esse processo, por exemplo, com uma estratégia de mídia, juntamente com um SDR (*Sales Development Representative*), profissional da equipe de vendas responsável pela abordagem inicial, extremamente próximo das ações de marketing e muitas vezes até dentro da equipe de digital.

Uma vez definido o objetivo central, o passo seguinte é destrinchá-lo em metas numéricas. Trata-se de um processo que se aplica a clientes de todos os tamanhos e nas mais diversas fases de maturidade, desde que se tenha a compreensão do momento que a empresa ou a marca vive.

Há uma grande diferença entre planejar a estratégia de marketing de uma marca que está sendo lançada e de outra já madura, ou de um produto que está chegando ao mercado ou outro já conhecido.

Da mesma forma, é importante levar em conta a posição do produto dentro da clássica matriz BCG, método de análise desenvolvido pelo *Boston Consulting Group*: se é "abacaxi" (está em baixa no portfólio e pode vir a ser abandonado caso não se recupere), "estrela" (tem bom desempenho e potencial para crescer mais) ou "vaca leiteira" (aquele que realmente dá lucro e paga as contas da empresa).

Esse ponto deve se intensificar ainda mais quando falamos das vendas no Metaverso, que deverão envolver o consumidor em um mundo onde tudo é completamente novo. Mesmo para as marcas tradicionais, as ações no Metaverso são novidade, assim como o aprendizado sobre a venda de produtos nesse ambiente. A própria *Meta*, uma das maiores difusoras do conceito de Metaverso, introduziu uma loja de roupas digitais de grife para avatares de uma maneira bem tímida, apenas para sentir a receptividade em alguns países, justamente para não ter um abacaxi nas mãos logo de cara.

Muitas vezes, vemos empresas tentando planejar o marketing digital (e veremos isso acontecer também em relação ao *metamarketing*) sem ter clareza sobre o momento em que elas se encontram e quais devem ser seus objetivos. Já vi clientes que pretendiam focar em aumentar o engajamento sem sequer ter dado o passo anterior, que é adquirir visibilidade dentro daquele mercado – ou seja, ampliar o alcance, chegar a mais pessoas ou mesmo ampliar a base de seguidores.

Há lógicas que precisam ser respeitadas. Se a base está muito pequena, o foco deve estar em ampliá-la – para só depois pensar mais seriamente em engajamento. No Metaverso, seria como estar numa sala vazia e, ainda assim, esperar que os avatares venham falar com você. Primeiro é preciso ter público, para depois pensar em engajamento.

As ações e as métricas adequadas são muito diferentes quando se pensa em promover a visibilidade e quando se pensa em aumentar o engajamento. O que denota visibilidade é o número de acessos ao site, o alcance das publicações no *TikTok*, *LinkedIn*, *Facebook* e/ou *Instagram*, o volume de visualizações dos posts ou de um vídeo no *YouTube*, o tamanho da base de seguidores e inscritos nos diferentes canais. Pensando no Metaverso, um critério similar seria a quantidade de pessoas em um evento.

Se o objetivo da empresa é estar mais próxima do seu público, é preciso avaliar a proporção de comentários positivos, cuidar do tempo de resposta, produzir um conteúdo que dê prioridade ao engajamento.

O objetivo traçado no planejamento é o grande guia, para o qual todas as ações devem convergir, incluindo a escolha das plataformas que serão priorizadas. Há o planejamento macro, que define toda a estratégia para o ano, e recortes em campanhas específicas, que podem demandar microplanejamentos, a exemplo de Dia dos Pais e Dia das Mães (importantes para o varejo) ou as estações do ano (relevantes para moda e gastronomia).

Lembro de uma série de erros "clássicos" cometidos por aqueles que se aventuram no universo do marketing digital sem buscar a estrutura e os conhecimentos adequados para isso. Desde erros grosseiros de grafia até tratar mal os clientes, passando pela criação de promoções evidentemente oportunistas, que tentam tirar proveito de algum fato de grande repercussão, mas sem nenhuma ligação com os negócios da empresa.

Investir é essencial, pois produzir conteúdo é caro. Pode não custar nada diretamente em dinheiro, mas consome tempo – e, como diz aquela velha e corretíssima frase, tempo é dinheiro.

Todo mundo tem algumas contas básicas obrigatórias, como água, energia elétrica e Internet. Quem vende on-line tem algumas a mais: Google, Facebook e Instagram.

Já que foram consumidos tempo e/ou dinheiro na produção de conteúdo, não faz sentido deixar de investir o mínimo na disseminação desse conteúdo. O que é melhor: gastar algum tempo e recursos para produzir um post, não investir nada para disseminá-lo e atingir 30 pessoas, ou gastar esse mesmo tempo, investir o mínimo na disseminação e atingir um público várias vezes maior?

A resposta torna-se evidente quando se percebe que o custo por pessoa atingida é sempre bem menor no segundo caso, o que justifica plenamente o investimento.

A eventual escassez de verba para marketing não é desculpa, pois há possibilidades disponíveis para orçamentos de todos os tamanhos. Dependendo da plataforma, o investimento mínimo oscila entre R$ 1 e R$ 10 por dia.

Seguindo adiante nessa mesma lógica, os conteúdos especiais, aqueles produzidos com mais qualidade – ou que parecem ser mais promissores –, merecem um investimento acima da média. Afinal, não adianta um restaurante produzir um lindo material sobre o festival de camarão se quase ninguém vai ver esse conteúdo.

Em casos assim, vale a pena aumentar o valor aplicado na disseminação. O mesmo deve valer para iniciativas no Metaverso. Apesar de termos ainda poucas referências, é importante aportar investimentos compatíveis com os esforços feitos.

Sempre é possível aprimorar a efetividade dos investimentos, com menos custos e mais resultados. Isso depende muito de bons conhecimentos gerais sobre cada plataforma. Independentemente do orçamento disponível, é fundamental que os investimentos deem retorno. O importante é testar e avaliar os resultados para ir aumentando os valores aos poucos.

Normalmente ninguém aprende a dirigir em um Porsche. Com investimentos deve acontecer o mesmo: comece com um Celtinha e vá aumentando de patamar conforme a prática.

Em plataformas como *LinkedIn*, *Facebook* e *Instagram*, a mensagem tem que ser passada logo de imediato, na primeira frase, com um *call to action* – "compre", "acesse", "veja", "confira", "saiba mais", "marque sua amiga".

Isso porque o que aparece no post é algo próximo de 250 caracteres. Ou seja, apenas a parte inicial do conteúdo. Logo na sequência aparece o botão "ver mais". Se sua *copy* não for eficiente, menos de 5% das pessoas clicarão para conferir a continuidade da mensagem.

Para o conteúdo do dia a dia das mídias sociais, o *always on*, é preciso evitar construções que pareçam descaradamente propagandísticas, mesmo com a necessidade da chamada explícita para uma ação. Às vezes a fronteira é sutil, mas o texto precisa ter um tom de humanização, de proximidade com quem vai ler.

Outro ponto que pode influenciar sua estratégia de conteúdo, atrapalhando seus planos sem que você perceba, é a rivalidade entre as plataformas. Por isso, é necessário estar sempre acompanhando as movimentações do mercado, pois tudo muda rápido.

No *Facebook*, o post geralmente não vai bem quando a publicação remete a vídeos do *YouTube*, por exemplo – simplesmente porque uma empresa não quer impulsionar os negócios da concorrente. O mesmo acontece com conteúdos nativos do *Instagram* sendo publicados no *TikTok*, ou publicações no *Instagram* citando ou falando do *TikTok*.

São como dimensões paralelas, em que nada de uma dimensão casa bem com a outra. Um link de vídeo do *YouTube* publicado no *Facebook*, geralmente fica visualmente ruim e com uma série de recursos prejudicados, como edição de texto e *autoplay*. Enquanto postagens de vídeos produzidos pelo próprio usuário no *Facebook* chegam inicialmente a 4% da sua rede, aquelas que usam vídeos do *YouTube* são mostradas para apenas 0,5% da rede – índice menor do que o obtido por postagens compostas apenas por texto, que, a princípio, alcançam em média 1% da base.

Um clássico da Web 2.0 é a rivalidade entre *Google* e *Facebook* (agora *Meta*), já que são os dois maiores conglomerados. Diante disso, é melhor para uma empresa que produz conteúdo próprio de vídeo subir direto seu conteúdo no *Facebook* e no *YouTube*, separadamente, do que remeter de uma plataforma para outra. Com o crescimento da necessidade de vídeo nas plataformas, é uma boa prática adaptar o conteúdo de vídeo para distribuí-lo em boa parte dos canais da marca.

É preciso ficar atento a esse tipo de situação, pois as plataformas estão constantemente tentando ocupar o espaço das concorrentes. A *IGTV*, por exemplo, foi uma iniciativa do *Instagram* para tentar combater o *YouTube*. Assim como o *Reels* chegou para bater de frente com o *TikTok*.

Todas as plataformas da *Meta*, incluindo *WhatsApp*, *Instagram* e *Facebook Messenger*, passaram a ter *Stories* depois que o Snapchat criou o conceito de vídeos que desaparecem após algum tempo –

ideia que caiu nas graças dos mais jovens, que rapidamente adotaram os *Stories*, culminando no sucesso do formato no *Instagram* e nas demais plataformas.

A *Meta* tem um estilo extremamente agressivo de aquisição de empresas, tanto de desenvolvedoras especializadas em determinadas tecnologias específicas – reconhecimento facial e chips subcutâneos, por exemplo – quanto de concorrentes diretos dos negócios já existentes.

Nas negociações com o *Instagram* e o *WhatsApp*, os projetos de compra foram bem-sucedidos. Já nos casos de concorrentes que o grupo gostaria de comprar, mas não consegue, a alternativa é tentar derrubá-los. Foi o que a *Meta* fez, por exemplo, com o Snapchat: depois de algumas tentativas malsucedidas de aquisição, decidiu implantar o conceito de *Stories* em todas as suas plataformas.

Com as movimentações envolvendo a desenvolvedora de jogos eletrônicos *Activision Blizzard* e a *Microsoft*, a *Meta* tem se mobilizado também no mercado de games, numa lógica de atrair os investidores de cripto e o público mais conectado. Esse esforço inclui o registro de uma série de patentes para a Web 3.0, envolvendo aspectos como o desenvolvimento de roupas virtuais, entretenimento em Realidade Aumentada, transações financeiras, paquera e arrecadação de fundos para a caridade no Metaverso, entre vários outros temas.

Considerando-se que a *Meta* tem caminhado para todos os lados – incluindo, provavelmente, as áreas de relacionamento profissional e afetivo no Metaverso –, fica claro que o *LinkedIn* e o *Tinder* são frentes de combate do *Facebook*. Como o *LinkedIn* está posicionado em atender um tipo de profissional que já está minimamente estruturado, com um projeto de carreira ou um posicionamento como empreendedor, o *Facebook* identificou que tinha a oportunidade de atuar em processos de contratação de profissionais na base da pirâmide da força de trabalho – atividades em que o projeto de carreira é mais modesto, como auxiliar administrativo, segurança ou garçom. Assim, se a pessoa cadastrada no *Facebook* estiver disponível para ser procurada por recrutadores, pode ativar essa opção.

Para enfrentar o *Tinder*, surgiu o *Facebook Dating*, área voltada a relacionamentos dentro da plataforma. Da mesma forma, se a pessoa estiver disponível para relacionamentos e quiser ativar a opção correspondente, o *Facebook* utiliza seus recursos de inteligência artificial e sua gigantesca base de perfis para sugerir *matches*. Essas iniciativas prometem trazer uma movimentação nova para o *Facebook*, que sofre com a evasão dos mais jovens.

A *Meta* é muito forte em planejamento e costuma ser transparente ao anunciar quais são seus projetos para os próximos anos. É provável que um dos objetivos desse estilo seja deixar claro para eventuais concorrentes que é melhor nem se atrever a atuar naquelas áreas.

FAZER

Cumpridas as fases de diagnóstico e de planejamento, é hora de FAZER. Essa etapa da metodologia está muito ligada a pensar em estratégias específicas para executar o planejamento em cada um dos sete pilares já descritos, a partir das diretrizes estabelecidas.

Com o advento do Metaverso, o FAZER vai depender muito do tipo de ação que você busca nessa nova camada de interação, mas o processo, na essência, é semelhante ao que já temos feito no marketing digital, ainda que com o acréscimo de uma dose adicional de tecnologia.

FAZER é estabelecer quais rotinas serão necessárias para que a roda gire. É preciso ter um cronograma de produção de conteúdo para suprir as mais diferentes plataformas, definir parâmetros de atualização do site, estruturar fluxos de e-mails (caso tenham sido previstos no PLANEJAR), fazer a distribuição de investimento nas respectivas plataformas, estabelecer um padrão de trabalho ligado a SEO (melhorias constantes para manter o site atualizado, com boa velocidade e facilmente indexado, por exemplo), entre vários outros pontos de atenção.

O dia a dia está relacionado, portanto, a ir distribuindo e executando todas essas tarefas. FAZER é, em síntese, cumprir um planejamento.

> Papel e PowerPoint aceitam tudo. No momento da execução, é preciso estar preparado para eventuais mudanças, pois parte do que foi planejado pode se tornar inviável ou mesmo impossível de colocar em prática.

A realidade pode se mostrar diferente do projeto pelas mais diversas razões: mudanças de equipe, interferências macroeconômicas ou mesmo uma avaliação equivocada do cenário e um planejamento de verbas malfeito.

Além disso, como a dinâmica das plataformas muda muito, pode ser que você tenha planejado uma estratégia imaginando que uma determinada plataforma seria a melhor para executá-la. Mas a plataforma passou por alguma mudança de algoritmo que faz com que você mude de percepção durante o período entre PLANEJAR e FAZER. O mesmo poderá ocorrer com frequência e intensidade ainda maiores em razão das mudanças relacionadas à Web 3.0 e ao Metaverso.

Ou, ainda, aquelas decepções que podem acontecer: enquanto você estava planejando, o concorrente lançou uma estratégia que se mostrou muito melhor que a sua, que o obriga a voltar algumas casas e refazer o planejamento.

Gostaria agora de falar um pouco sobre o suposto "embate" entre organização e criatividade. Será que há mesmo algum tipo de conflito ou essas duas partes só contribuem positivamente uma com a outra?

Muita gente associa publicidade (e, por extensão, também o marketing) com improviso e criatividade, mas não se pode negar que há uma grande e crescente carga de organização e rotina nessas atividades.

A publicidade brasileira sempre foi muito criativa – e premiada por isso. Só que, cada vez mais, serão exceções aquela grande sacada ou o filme superproduzido e extremamente artístico, mas que não gera tanto impacto no negócio. Isso porque as verbas estão mais diluídas e precisam ser mais aproveitadas, com comprovação de retorno. Diluição, a propósito, que se tornará ainda mais evidente com o advento do Metaverso.

A agência não pode mais ser apenas criativa, precisa estar cada vez mais próxima do negócio, entregando resultado, já que as verbas estão cada vez mais pulverizadas.

Assim, em vez de fazer um único filme megacriativo e superproduzido com R$ 1 milhão, pode-se usar metade desse orçamento para produzir 20 filmes de R$ 25 mil cada um e direcioná-los a diferentes canais, com versões para os mais diversos públicos – mulheres, homens e jovens. E, ainda, com múltiplos cortes para diversas plataformas.

Podemos até fazer uma comparação com o futebol brasileiro, embora eu entenda pouco desse assunto. Antigamente, o jogo era fortemente apoiado no improviso, no inesperado, no talento individual. Hoje, o sucesso de um time depende muito mais de um grupo de jogadores que sejam capazes de executar bem o que foi planejado e treinado em conjunto.

Tanto no futebol quanto no marketing, não é preciso ser genial o tempo todo: o mais importante é ser regular, confiável e eficiente para executar o que foi planejado.

Seguindo com a metáfora futebolística, um bom resultado é construído não só pelos gols feitos, mas também pelos gols que o time evita tomar. E, também nesse ponto, cumprir o planejado é fundamental.

Não haveria, por exemplo, motivos para quem trabalha com marketing se estressar com o Natal, ficar "na correria" por causa disso. Afinal, todo mundo sabe desde criança que o Natal acontece no dia 25 de dezembro, certo?

Sendo assim, só fica na correria quem quer, quem não se planejou, quem não tem um fluxo de tarefas bem estabelecido, para quem se atrapalha na etapa do FAZER. Para quem se planeja bem e está com a casa em ordem, o Natal é em agosto e a Páscoa é em dezembro.

Claro que essas referências de fluxo variam de empresa para empresa. Quanto mais complexo é o processo, quanto mais hierárquico, quanto mais dependente de aprovações e de visões de diferentes pessoas, mais cedo é preciso começar.

Por outro lado, há aqueles casos inversos, que também são complicados: a pessoa que, numa estrutura pequena, acumula muitas atribuições e tudo se afunila nela. Não é fácil convencer essa pessoa de que falar da campanha de Natal em outubro pode ser uma prioridade. Provavelmente, ela vai se ver obrigada a empurrar o assunto mais para a frente.

É fundamental ressaltar que, embora o marketing já tenha muito e terá cada vez mais análise e programação, há uma boa parte do trabalho em que continua sendo possível exercer a criatividade. Com o Metaverso, a modelagem 3D deve crescer muito, além de uma infinidade de oportunidades relacionadas à criptografia e à tecnologia em geral.

Além da criatividade visual para o design de ambientes ou de avatares, roupas e objetos, serão necessários ótimos redatores para desenvolver narrativas, assim como planejadores multiplataformas para criar conexões entre os mundos. Prevejo também uma considerável entrada de designers de games no *metamarketing* para auxiliar nas ações que envolvam gamificação.

Nesse novo cenário, qualquer profissional da área precisa ter duas características que considero essenciais: ser curioso e ter disponibilidade para experimentar. Quando meus alunos me perguntam qual é o melhor caminho para aprender a fazer algo, respondo sem titubear: fazendo.

Nesse cenário emergente de Web 3.0, o "aprender fazendo" pode se dar de inúmeras formas. Assim como no início das mídias sociais, as pessoas abriram contas para entender o funcionamento, estamos caminhando para algo semelhante no Metaverso. O caminho será escolher a plataforma, abrir uma conta, circular, jogar um pouco com os amigos ou filhos, criar uma carteira digital, comprar algumas *criptomoedas* e, se possível, garimpar alguns NFTs "baratinhos" – que, com sorte, poderão ser comprados por centavos.

Para quem está começando numa determinada atividade, o aprendizado pode ser colocado como fator de motivação e até mesmo de remuneração indireta. Realizar um frila pequeno, um trabalho voluntário ou um favor para algum parente, pode trazer retornos importantes para o aprendizado. É preciso ir abrindo essas oportunidades, sem esperar que elas simplesmente apareçam. No

Metaverso, assim como ocorre na Web 2.0, toda empresa, ONG ou instituição terá a necessidade constante de se posicionar digitalmente. A chance pode estar aí!

Os profissionais de marketing da atualidade podem e devem pensar que o Metaverso é quase como um teatro moderno. Trata-se de uma porta aberta para toda e qualquer inspiração e talento, em que será possível se manifestar livremente. Surgirão oportunidades em praticamente todas as áreas que se pode imaginar – negócios, jurídico, comunicação, educação, cultura, moda, administração de imóveis etc.

Se você ainda tem dúvida de que o Metaverso fará parte do nosso cotidiano profissional, é só perceber que, hoje, poucos são os profissionais que conseguem trabalhar sem precisar de um celular com Internet ou *WhatsApp*. Há alguns anos, no entanto, a Internet era bloqueada em muitos escritórios por ser considerada uma "distração".

Chegará o momento em que praticamente qualquer atividade, das mais simples às mais complexas, das mais pessoais às mais profissionais, passará pelo Metaverso – aprender um idioma, descobrir como funciona uma furadeira, fazer uma cirurgia, comprar uma roupa, conhecer gente nova, entre infinitos outros exemplos.

E a Geração Z tem papel de protagonista nesse grande teatro, já que a Web 3.0 será o palco dos nascidos entre a segunda metade dos anos 1990 até o início da década de 2010. Mais de 20% dos jovens nessa faixa etária já estão dentro de algum Metaverso e têm algum tipo de *criptoativo*. Com as promessas de inclusão da Web 3.0, contudo, tanto faz a sua idade e sim se você faz parte desse ecossistema ou não.

Grandes empresas já estão abrindo vagas para profissionais focados em Metaverso e Web 3.0. Várias delas, inclusive, passaram a fazer esses processos seletivos e as respectivas dinâmicas de RH dentro do Metaverso. É o caso, por exemplo, da Ambev, que lançou um programa de estágio com a seleção virtual por meio de avatares. A ideia é testar a aptidão dos candidatos para esses ambientes.

Dominar as práticas de conteúdo da Web 2.0 é um passo crucial para se preparar para a Web 3.0, onde será possível pensar em tudo como conteúdo. No cenário atual, quando se fala em produção de conteúdo, temos que lembrar que não é preciso se limitar a falar diretamente dos produtos ou de assuntos internos da empresa.

Para estruturar essa etapa do FAZER, gosto de apresentar aos meus alunos o modelo do "território de conteúdo", criado pelo espanhol Fernando de la Rosa. Essa matriz ajuda a entender que assuntos podem ser tratados pela marca de forma legítima. Vejamos o diagrama a seguir:

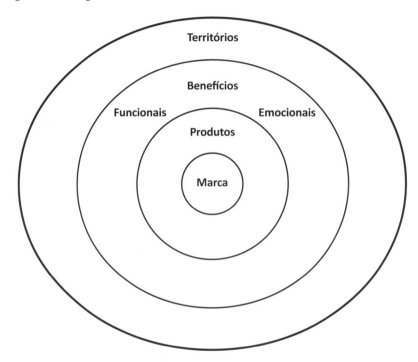

Como esse exercício pode ser feito? A partir da marca, listamos seus principais produtos. Depois, refletimos sobre os benefícios funcionais e emocionais que os produtos proporcionam ao consumidor. Por fim, pensamos em públicos/assuntos que podem ter afinidade com esses benefícios. Esses são os territórios que podem ser temas de posts e assuntos associados à marca.

Um exemplo prático, em torno da marca Dove: seus produtos – sabonetes, desodorantes, xampus e cremes para o corpo – remetem a alguns benefícios funcionais (pele suave, frescor e hidratação) e emocionais (autoestima, segurança e confiança). A partir dessa análise, pode-se definir como territórios associados à marca: conselhos de beleza, terapias alternativas, relação entre mães e filhas, solidariedade entre mulheres.

Numa das minhas aulas, propus aos alunos um exercício com a marca Sony. Produtos como TVs, celulares, notebooks, câmeras e videogames remeteram a benefícios funcionais (acesso a novas tecnologias, facilidade de transporte e beleza de design) e emocionais (conforto, status, entretenimento). Alguns dos territórios listados a partir disso foram: família moderna, fitness, games, ciência e tecnologia, fotografia e inovações industriais.

Use o QR Code para baixar um exemplo de mapa de territórios de conteúdo.

Embora essa matriz tenha sido originalmente pensada para a produção de conteúdo em sites e mídias sociais, sem dúvida ela pode ser um ótimo caminho para o pensamento de narrativas da Web 3.0. Como, por exemplo, elencar um dos territórios da marca para criar NFT ou mesmo elencar um ou mais benefícios emocionais para serem extrapolados numa narrativa no Metaverso. Ou, ainda, pensar em como melhorar um determinado benefício funcional, por meio de conteúdo, informações extras e uma experiência de Realidade Aumentada.

Além da definição do que pode e deve ser abordado pela estratégia de marketing digital e de *metamarketing* da empresa, há o outro lado da moeda: a definição dos temas que não devem ser tratados. A formulação dos chamados *dont's* deve incluir orientações para que os funcionários saibam como se comportar nas mídias sociais, especialmente ao tratar diretamente da empresa.

Várias organizações lançaram manuais específicos com "mandamentos" nesse sentido, como proteger informações pessoais, não divulgar dados estratégicos, respeitar a propriedade intelectual, falar apenas sobre o que conhece, pensar e repensar antes de emitir opiniões. Ao mesmo tempo, o uso das redes vem sendo incentivado para divulgar o trabalho, reforçar contatos e até mesmo identificar demandas.

Como sabemos, a questão dos dados na Web 2.0 é um ponto sensível. Na transição para a Web 3.0, esse ponto pode se tornar ainda mais crítico, pois tanto a legislação quanto a relação transparência x anonimato ainda estão sendo construídas, com resultados que não conseguimos projetar com precisão.

Antes mesmo de pensar em rumar para os assistentes virtuais ou meta-humanos, é muito importante definir a *branding persona* da marca e tê-la como um verdadeiro guia. Essa talvez seja uma das pedras fundamentais da produção de conteúdo, em um cenário em que a necessidade de humanização é crescente.

A *branding persona* é composta por um conjunto de diretrizes que estabelecem como a marca vai se comunicar com seu público ou com cada um dos seus públicos, de forma mais humana e natural.

Uma vez que a comunicação com o público se tornou muito próxima – seja em posts, respostas a comentários ou pela interação em diversas plataformas –, a marca tem que se comportar quase como um ser humano.

A *branding persona* é a personificação da marca em um perfil palpável, como se fosse uma pessoa, com idade, hábitos e outras características (ainda que essa personificação não necessariamente se manifeste em um personagem com nome, como às vezes ocorre).

É crucial estruturar uma ***brand persona***, que nada mais é do que a resposta para a seguinte questão: se minha marca fosse um ser humano, como ela seria?

O melhor exercício para criar a *branding persona* é contar a vida da marca como se fosse uma pessoa. É mulher ou homem? Que idade tem? Tem temperamento calmo ou agitado? Que palavras, gírias, regionalismos, expressões e *emojis* utiliza com frequência? Que tipo de referência costuma usar para dar exemplos? Que autores e artistas admira? E por aí vai.

Definido esse perfil mais detalhado, é essencial registrá-lo de uma forma que permita acesso fácil e simples – pode ser *PowerPoint*, painel colado na parede com *post-its*, uma *canva* digital, não importa. O importante é tê-lo em mente e consultá-lo sempre ao produzir conteúdo para as diversas mídias. Deve-se ir testando a pertinência da *branding persona* com os clientes, observando reações e fazendo os ajustes necessários para que a linguagem esteja adequada ao público com o qual ela pretende se comunicar.

A base precisa estar bem definida para que a personalidade se mantenha uniforme, independentemente de quem esteja "incorporando" a *branding persona* naquele momento. A linguagem é uma característica que deve ser da marca, e não da pessoa que está executando aquela função.

No cenário atual, em que a predominância de conteúdo ainda está muito ligada a vídeos, fotos e textos, essas características devem estar definidas no guia da marca, em um capítulo muitas vezes chamado de planejamento editorial, pois bebe na fonte do planejamento tradicional de revistas e jornais. Grandes periódicos são tradicionalmente pensados levando em conta o público-alvo, e por isso devem ter uma linguagem que dialogue eficazmente com esse público.

Esse documento é vivo e deve ser atualizado constantemente. Um exemplo de tema que precisa ser sempre revisto e atualizado é o tipo de humor permitido. A atualização pode partir, inclusive, de casos concretos ocorridos com a própria empresa ou com outras empresas.

Com tudo isso, busca-se estabelecer o posicionamento e o tom de marca, com um arquétipo que pode ser mantido apenas nos bastidores da estratégia, sem a necessidade de apresentá-la ao público.

É um processo diferente de ter um personagem ou avatar da marca, como vemos no caso da Lu, do Magazine Luiza, por exemplo. Mesmo sendo claramente uma personagem fictícia, uma criação de design, a Lu obtém alto nível de visualização dos seus vídeos e de interação com o público, que frequentemente a trata como se ela fosse uma pessoa de verdade. Não é difícil imaginar o nível de empatia que pode surgir quando essa tendência evoluir para personagens que em quase nada serão diferentes de pessoas de carne e osso.

Todo o aprendizado acumulado com o uso das mídias sociais se refletirá na construção de avatares. Com desempenho 100% controlado, os avatares proporcionam a oportunidade de uma performance perfeita – afinal, estarão sempre simpáticos, dispostos, incansáveis, sem rugas, dor de cabeça ou dias ruins.

De certa forma, podemos até dizer que, hoje, muitos *influencers* já são praticamente avatares em suas redes sociais, tal o nível de lapidação e controle daquilo que é exposto. Há muitos casos em que, sob a aparência de descontração e improviso, nada chega ao público sem ter sido minuciosamente planejado e roteirizado.

A partir das diretrizes definidas pela *branding persona*, a produção de textos para a Internet tem uma série de pontos que devem ser conhecidos e considerados. Ao escrever para sites, blogs e portais, muitos jornalistas e produtores de conteúdo, ainda pautados em experiências na Web 1.0, no mundo off-line ou na mídia tradicional, têm dificuldade de adaptação a esses novos padrões, que estão ligados às práticas de SEO.

Precisamos entender que, num contexto de usuários multitelas, correria do dia a dia e uma quantidade enorme de estímulos, um texto não pode ter muita complexidade para ser digerido – para isso, foi até criada uma métrica que se refere à facilidade de leitura.

Para cumprir esse requisito, deve-se construir parágrafos e frases mais curtas do que a média encontrada em um texto de jornal. O ideal é ter não mais que 25% das frases com mais de 20 palavras. Isso significa que cada frase que extrapole essa referência deve ser compensada por três que fiquem dentro do limite. É sobre esse tipo de pensamento que me refiro quando direcionamos nosso trabalho para os dados – um simples texto deve ser pensado seguindo uma lógica numérica e metrificável.

No marketing digital, entre as centenas de parâmetros que podem e devem ser considerados em uma estratégia de SEO, está trabalhar com uma densidade maior dos termos-chave. Uma das dificuldades enfrentadas pelos jornalistas que vieram da mídia tradicional é que eles foram condicionados a buscar sinônimos para evitar a repetição excessiva de uma palavra num mesmo texto. Ou seja, enquanto as repetições são bem-vindas num texto para a Internet, nos jornais impressos essa mesma característica é vista como algo negativo, pobreza de vocabulário.

Como estamos rumando cada vez mais para a digitalização e a virtualização total das experiências, os profissionais que têm dificuldade de se adaptar às características da Web 2.0 podem ter sérias dificuldades com os avanços da Web 3.0, principalmente com o avanço das Inteligências Híbridas – ferramentas de aprendizado de máquina para facilitar o consumo de dados –, nas quais *Google* e *Amazon* estão investindo fortemente. Na Web 3.0, vamos ter a Inteligência Artificial ajudando a resumir notícias e descrições de produtos, que irão possibilitar que computadores leiam texto, ouçam falas, interpretem, meçam sentimentos e determinem quais partes de um conteúdo são importantes.

Ainda no contexto atual da Web, há ferramentas ótimas que devem ser utilizadas para facilitar e aprimorar o processo de definição de termos-chave. O site answerthepublic.com, por exemplo, mostra quais são as perguntas mais comuns que as pessoas estão fazendo sobre um determinado tema.

No Metaverso, as pessoas continuarão utilizando recursos existentes na Web 2.0 – pesquisas no *Google*, por exemplo. A diferença é que tudo aquilo que é feito hoje pelos celulares e computadores será gradualmente transferido para relógios, óculos, assistentes virtuais, entre outros recursos.

O *Google Trends* é muito útil para ajudar não apenas na identificação de tendências, mas também na pertinência de escolher um determinado termo em vez de um sinônimo. Isso contribui para a construção de um texto que seja mais bem indexado ou mesmo para nomear um evento, seja no mundo físico, seja no virtual.

Por exemplo, como saber se o mais apropriado é escolher "casa noturna", "boate" ou "balada"? Pode-se verificar quais desses termos têm sido mais buscados no *Google*, o que é um reflexo direto da forma como as pessoas falam.

Outra possibilidade preciosa é avaliar por região. O *Google Trends* mostra claramente que "boate" é um termo cuja utilização está muito concentrada no Rio de Janeiro, Minas Gerais e Espírito Santo. Assim, se o material está sendo produzido para ter abrangência nacional, provavelmente não será a palavra adequada. Se a abrangência é para a cidade ou o estado do Rio de Janeiro, por exemplo, pode-se apostar nela. Mas essas questões regionais, assim como quaisquer outras relacionadas à geolocalização, certamente passarão por grandes mudanças com as transições para a Web 3.0 e o Metaverso.

Produzir conteúdo relevante é o coração da estratégia de marketing. Tudo depende da qualidade desse conteúdo, assim como os demais órgãos do corpo dependem do bom funcionamento do coração. Saber como utilizar adequadamente os recursos de SEO tem o mesmo efeito que uma alimentação saudável provoca no seu coração – vai ajudá-lo a funcionar com mais leveza e eficiência.

Se você fosse resumir para um amigo o assunto do texto que está escrevendo, usando o mínimo possível de palavras, que termo usaria? Esse é o seu termo-chave para SEO.

Pensar que esse corpo vai ser, aos poucos, acessado por múltiplos mundos é importante para gerar facilidade, objetividade e "encontrabilidade" – além, claro, de uma ótima experiência para as pessoas, independentemente da camada em que será realizado o acesso.

MEDIR

Protagonistas de boa parte das tomadas de decisão nas principais empresas, os dados têm influenciado diretamente amplas transformações no mercado, pois ajudam a responder às questões mais complexas. O cenário atual do marketing está sendo moldado pela quantidade de dados disponíveis e o fenômeno do *big data* e do *data driven*, que praticamente já podem ser aplicados em qualquer tipo de negócio.

As métricas ajudam a automatizar processos e geram testes mais qualificados, empoderando as empresas a tomar decisões melhores. Números do *Google Analytics*, como acessos, visualizações, tempo médio de visitas e origem de tráfego são cruciais para determinar se um site está indo bem ou não – e, principalmente, pautar as discussões sobre conteúdo e SEO.

Tudo isso vale para a Web 2.0 e continuará valendo na Web 3.0. Na Web 2.0, entretanto, nos apegamos muito às chamadas "métricas de vaidade", como o número de seguidores e de curtidas, mesmo sabendo que *likes* não pagam boletos. Ou seja, nem todas as métricas são de fato úteis na hora de montar estratégias de marca. É para essas medidas "inúteis" que usamos a expressão "métricas de vaidade".

O *like*, isoladamente, não mostra a razão pela qual foi concedido. É uma informação que tem pouca utilidade, pois não ajuda a promover mudanças que aumentem a presença da marca no longo prazo.

Uma vez que 100% dos conteúdos publicados devem ser patrocinados, precisamos saber quais estão dando mais resultados. A análise deve ser mais holística que isolada: por que determinado *post* recebeu tantos *likes*, bem acima da média? O que ele tem em comum com os top 10 mais curtidos? Os posts que mais recebem likes também são os que mais recebem comentários ou compartilhamentos, ou não é possível estabelecer relação entre esses parâmetros?

À medida que a Web 2.0 foi evoluindo, as pessoas foram se tornando mais maduras digitalmente e passaram a não se basear tanto nesses números. Se o usuário comum aprendeu isso, o analista de métricas, que está com o dedo no pulso da plataforma, tem a responsabilidade de fazer uma série de questionamentos mais aprofundados para transformar dados que seriam apenas de vaidade em informações de fato relevantes para os negócios.

Alguns exemplos de perguntas que podem ser feitas com esse propósito: A qual categoria editorial esses posts pertencem? Eles têm cores semelhantes, elementos visuais semelhantes? Quanto foi investido em cada um? Qual o custo por like ou custo por engajamento dos melhores posts do mês?

Devemos, cada vez mais, direcionar o foco às métricas de negócios. Na Web 2.0 e nas mídias sociais, medidas como alcance, engajamento e envolvimento são fundamentais para mensurar o desempenho de uma campanha ou de um conteúdo. Revisar com frequência as metas de marketing e os indicadores-chave de desempenho, os KPIs, é outro ponto muito importante.

A tecnologia possibilita mais efetividade nas ações de marketing, com maior controle por meio da gestão de métricas e resultados. E esse é um dos pontos cruciais do marketing 5.0: tecnologia.

Se no início do marketing os investimentos eram em anúncios de TV, rádio, jornais ou revistas e se diluíam ao chegar a pessoas fora do público-alvo, hoje o marketing digital permite MEDIR as ações com precisão cirúrgica.

Essa característica será ampliada com o *metamarketing*, ainda que sejam necessárias adaptações em conceitos, como engajamento. Ou seja, os critérios que indicam engajamento numa mídia social hoje poderão não ser os mesmos, embora a ideia geral seja semelhante.

No Metaverso, a ideia é que a pessoa ou avatar participe de algo – não mais apenas com compartilhamentos e *likes*, como estamos acostumados, mas movimentando-se por um espaço, interagindo com outros avatares, dançando, fazendo perguntas, olhando para uma tela ou projeção, enfim, uma infinidade de possibilidades. E serão aplicadas tecnologias já utilizadas para eventos físicos, como mapa de calor, sensores de rosto, de humor etc.

Continuaremos olhando para KPIs, como vendas, receitas e lucro líquido, mas poderemos dissecar com precisão ainda maior como esses números foram construídos, a partir de métricas focadas nos clientes – tempo de permanência, índice de retenção e satisfação, atividades no Metaverso, percentual de presença efetiva dos avatares que haviam manifestado interesse em um evento etc.

Da mesma forma que buscamos interação no Metaverso, na Web 2.0 falar com o cliente certo no momento certo sempre foi um grande diferencial. Dependendo da habilidade e da criatividade em utilizar as ferramentas disponíveis, a efetividade das ações planejadas pode ser muito alta.

Para negócios locais, graças aos recursos tecnológicos, um empreendedor tem a oportunidade, por exemplo, de se dirigir especificamente a pessoas que já visitaram sua loja física e estão naquele momento situados num determinado raio de ação do empreendimento. Para pessoas que cumpram esses critérios, pode ser enviada uma mensagem, como "Olá, não quer aproveitar que está pertinho para dar uma passada aqui? Estamos com uma promoção especial!".

Embora pareça algo muito simples quando comparamos algo assim com os eventos que imaginamos para o Metaverso, há empresários e agências que, por incrível que pareça, deixam de faturar por causa da ausência de ações como essas. É o clássico arroz com feijão que dá certo.

Para que estratégias assim deem bons resultados, no entanto, é sempre necessário testar e, claro, avaliar os resultados de todas

as ações. Durante o FAZER é importante criar uma variação de anúncios para ter melhores comparativos. E, com isso, pode ser que, durante o MEDIR, você descubra que, entre dez variações de uma peça, por exemplo, apenas uma tenha trazido bons resultados. Isso ajuda a tomar decisões para o PLANEJAR: em vez de dez peças, talvez seja o caso de fazer três.

Mesmo antes da consolidação da Web 3.0, esse acompanhamento deve ser sistêmico. Não adianta traçar em janeiro a meta de chegar a 120.000 acessos ao site no final do ano, por exemplo, e depois simplesmente esquecer o assunto. É preciso ir checando e ajustando o que for preciso para cumprir o objetivo.

Se na primeira quinzena de janeiro foram 2.000 acessos, deve-se verificar os motivos e definir uma estratégia para alcançar a média necessária, 10.000 acessos por mês. É fundamental agir rapidamente para recuperar o déficit, pois a cada semana que passa ficará mais difícil.

Não é por acaso que, em e-commerces e portais de conteúdo, os resultados são acompanhados em tempo real e as providências tomadas de forma instantânea – seja uma notícia mais chamativa, seja uma promoção. Cada minuto conta.

Assim como os canais digitais são uma extensão de quem você é, o mesmo acontece com uma empresa. Não se trata de um mundo à parte, independente. Por isso, a vida digital, tanto de um profissional quanto de uma empresa, precisa refletir o que esse profissional ou essa empresa são. Pode-se tentar fingir, maquiar, esconder, mas, quando começamos a MEDIR, a realidade acaba vindo à tona.

É sempre melhor, então, posicionar-se de forma autêntica e verdadeira. A empresa que não for sincera e transparente corre muitos riscos. Não se pode usar o marketing para enganar as pessoas, e os limites nesse sentido têm ficado cada vez mais claros.

Mostrar-se como pessoa pode ajudar qualquer profissional a construir uma boa imagem, pois há um entendimento cada vez maior de que essas duas dimensões da vida andam juntas e são inseparáveis. É bom ter sempre em mente, entretanto, que opiniões polêmicas ou preconceituosas podem colocar em risco, em questão de minutos, uma reputação arduamente construída ao longo dos anos. E o maior bem de um profissional é a sua imagem.

Por outro lado, é claro que posicionar-se significa, muitas vezes, desagradar as pessoas. E tudo bem quando isso é feito de forma calculada, estratégica. A fabricante de sorvetes *Ben & Jerry's*, por exemplo, assumiu uma postura firme em defesa da diversidade e da inclusão. Se isso afasta um determinado perfil de possíveis clientes, reforça, por outro lado, a imagem da empresa diante do público que mais lhe interessa como organização – com reflexos, inclusive, no engajamento da equipe, recrutada também sob a ótica da valorização da diversidade.

O que as pessoas avaliam, nesses casos, é a autenticidade: a empresa parece realmente comprometida com o que diz ou é puramente um recurso de marketing?

Num projeto que falava com donos de restaurantes, criamos como *branding persona* um cozinheiro de meia-idade, com perfil empreendedor, curioso e adepto do faça você mesmo. A linguagem utilizada deveria ser clara e simples, com alguns toques de humor cuidadosamente inseridos.

Nas interações, esse humor se manifestava apenas de forma reativa. Não era o caso de tomar a iniciativa de fazer posts com memes, mas, se alguém vinha com alguma brincadeirinha, respondíamos no tom definido pela *branding persona*.

Tudo foi pensado para reproduzir o que acontece na vida real, com um dono de restaurante que está no caixa: se o cliente dá um bom-dia sério, responde-se no mesmo tom. Se faz uma brincadeira, idem. Sempre sendo simpático, mas sem ser invasivo.

É preciso ter sempre em mente que o marketing não é feito apenas de canais para a empresa falar: é fundamental que ela saiba escutar e monitorar. E esse monitoramento é um ponto crucial na etapa do MEDIR. Só dando a atenção devida ao ciclo completo é que se pode obter bons resultados.

As métricas se tornaram uma parte essencial de qualquer estratégia de marketing desenvolvida na Web 2.0. É fundamental monitorar os resultados das ações para entender o que dá mais certo e identificar possíveis ruídos.

Há várias ferramentas, como *Torabit*, *Buzzmonitor* e *Stilingue*, que monitoram o que está sendo dito nas mídias sociais sobre um tema ou uma empresa – se os comentários são positivos, negativos ou neutros.

Essas ferramentas ainda enfrentam algumas dificuldades, é bem verdade. Alguém que faz uma viagem ao Havaí pode comentar que "as havaianas são lindas", e isso ser interpretado como um elogio à marca de sandálias. Ou, então, alguém visita o Rio de Janeiro e diz que "adora Ipanema", o que pode ser considerado um elogio à marca de sandálias concorrente.

A dificuldade de mensuração aumenta em casos de marcas com nomes que são palavras comuns, utilizadas no cotidiano das pessoas. Só na telefonia, podemos citar, como exemplos, Oi, Claro e Vivo.

Além disso, as pessoas escrevem os nomes das marcas das mais diversas formas. Certa vez, num projeto em que uma das marcas que monitorávamos era a Sky, foi incrível a quantidade de variações de grafia que encontramos. Até "Squay" apareceu. Numa tarefa semelhante para monitorar Hering, foram descobertas 23 formas "diferentes" de escrever o nome da marca. Imagine, então, em casos como *Häagen-Dazs, Swarovski*...

Ressalte-se que o monitoramento não deve ser visto apenas como uma medição fria: trata-se de um processo que pode ser riquíssimo em descobertas e *insights* para decisões estratégicas. Trata-se de um processo essencial, também, para a gestão de crises – que surgem muito rapidamente na Internet e podem alcançar proporções catastróficas se não houver uma ação rápida. Não há a menor dúvida de que as mídias sociais são os canais mais sensíveis à ação crítica direta de consumidores ou instituições.

Para o bem ou para o mal, a Internet fez o tradicional "boca a boca" mudar de patamar: de alguns conhecidos para milhares de pessoas.

Além de MEDIR, é preciso permanecer atento a todas as movimentações na Internet. Às vezes o alarme até pode ser falso, mas é preciso checar imediatamente. Lembro de certa ocasião em que estávamos monitorando as citações à empresa Ticket e, de repente, identificamos um salto rápido no volume de menções. Fomos investigar e, na realidade, eram notícias e comentários sobre uma brasileira que havia recebido um *Golden Ticket* para acompanhar a turnê de Justin Bieber. Passado o susto, foi preciso apenas ajustar o sistema para excluir do monitoramento as menções a essa expressão.

Considerando-se a necessidade de estar preparada para potenciais crises, toda empresa deve ter respostas-padrão e estratégias definidas para as situações mais prováveis, além da definição das pessoas que estarão de *stand-by* caso seja necessária uma ação urgente. É como ter uma brigada de incêndio, treinada e pronta para agir.

Quando se fala em métricas, nunca se deve buscar os números apenas pelos números. Essa é uma distorção que costuma ser colocada em prática especialmente por profissionais não muito orientados pelos conceitos tradicionais e consagrados de marketing. É importante MEDIR sempre cruzando métricas de negócio e de marketing digital (e, daqui em diante, também do *metamarketing*).

Quem faz qualquer coisa motivado apenas em alcançar as metas vazias, está, na verdade, boicotando a própria empresa para a qual trabalha. Há formas artificiais para aumentar o volume de acessos a um site, de inflar o número de seguidores, mas que não contribuem para a conversão em vendas e para a construção de reputação da marca.

Dois atributos serão cada vez mais exigidos dos profissionais de marketing: ética e qualidade. E isso se avalia pelo cruzamento de informações. Se um site chegou à meta de um milhão de acessos por mês, mas o tempo de permanência da maioria das pessoas no site foi de poucos segundos, há algo errado, certo? Um paralelo possível para o Metaverso seria as pessoas irem até a porta da sua festa, olharem por alguns segundos para dentro e decidirem não entrar.

O marketing se enquadra num cenário mais amplo do mundo corporativo, que é a necessidade de que as metas sejam integradas. É um grande problema quando se cria uma situação em que cada setor se preocupa em atingir o seu número mágico, sem dar a devida atenção ao todo. "Cumpri a minha meta de acessos ao site, mas a venda não é comigo", diria um profissional com esse perfil individualista.

Para ir além e realmente ter uma gestão orientada aos dados, é importante ter uma boa plataforma de métricas, algo que normalmente é desenvolvido ou adquirido pela área de Tecnologia da Informação.

Mas, para começar, o bom e velho *Excel* pode ser um grande aliado, juntamente com as ferramentas do pacote *Google Drive*, por exemplo.

Antes de contratar uma solução de automação, gestão e métricas, é preciso checar se outras empresas já usam o sistema que está sendo oferecido, há quanto tempo a fornecedora do sistema está no mercado, se faz parte de um grupo maior, se tem investimentos estrangeiros etc. São fatores que vão diminuir o risco de que o fornecedor venha a fechar as portas e o cliente fique com um elefante branco nas mãos.

A verdade é que o trabalho relacionado às métricas exige tempo, dedicação e muito amor! Do contrário, você desenvolverá uma úlcera! Digo isso porque, quando nos debruçamos sobre as métricas, podemos encontrar prazer e propósito nisso, ainda que seja um trabalho desgastante.

Lidar com *Excel, dashboards* e plataformas de *Business Intelligence* (BI) não é algo que a maior parte das pessoas considere tão glamoroso quanto o trabalho de criação. É fato que a missão de MEDIR tem uma grande e crescente carga de planejamento e rotina, mas uma agência não pode mais ser apenas criativa. Ela precisa estar cada vez mais próxima do negócio, entregando resultados.

7

ASSIM CAMINHA A WEB

Exercícios de futurologia são sempre complicados. É arriscado fazer previsões quando falamos de tecnologia, pois tudo acontece muito rápido e inesperadamente. Há alguns pontos que não tendem a mudar nos próximos anos, contudo, como é o caso do domínio de dois conglomerados, *Meta* e *Google*.

Claro que a evolução e disseminação da Internet das Coisas, da Realidade Aumentada, da Inteligência Artificial, da Ciência de Dados e de tantas outras evoluções tecnológicas relacionadas à Web 3.0 e ao Metaverso nos levarão a caminhos que farão o estágio atual parecer brinquedo de jardim de infância.

Mas deixemos a roda do tempo girar. A ansiedade, um dos grandes males do nosso tempo, é causada exatamente pela preocupação extrema com o que vai acontecer. É importante estar bem-informado, preparar-se da melhor forma, mas sem nunca esquecer que o nosso tempo é hoje.

É com o presente que devemos lidar, tentando aproveitar o que ele tem de melhor a oferecer. É preciso estar focado para aprender, adquirir novos conhecimentos, fazer trabalhos bacanas, estabelecer novos contatos, porque é a soma de tudo isso que vai construir o futuro.

Minha maior motivação ao pensar em escrever este livro era ajudar o leitor na vida de hoje, nos desafios atuais, no mundo de verdade que precisa ser enfrentado a cada manhã.

Quem trabalha com marketing precisa estar muito presente no tradicional, no digital ou no *metamarketing*. Que seja, então, uma jornada produtiva, desafiadora e agradável.

> A melhor forma de tornar o futuro menos assustador é viver o dia a dia, acompanhar as tendências, ver o que está acontecendo, informar-se em fontes confiáveis, lembrando sempre de ter algumas boas válvulas de escape para o estresse.

É essencial ter em mente que a grande palavra para lidar com um cenário que se transforma o tempo todo é "humanização". Como já afirmei em outro momento desta obra, as pessoas não mudam tão rapidamente quanto a tecnologia. As necessidades do consumidor de hoje são, em grande medida, semelhantes às necessidades dos consumidores de 50 anos atrás: comida, água, sono, abrigo, segurança, amor, amizade, comunidade, status e realização pessoal continuam sendo uma ordem importante das necessidades, como diria Maslow com sua pirâmide.

Se a fusão entre marketing tradicional e marketing digital é inevitável, assim como será a fusão entre marketing digital e *metamarketing*, a grande questão que continuará movendo essa ciência nos próximos anos é: como alavancar os negócios?

As marcas estão se vendo obrigadas a reformular as estratégias de comunicação com os clientes. A dependência dos veículos tradicionais está cada vez menor, pois a relação agora é mais direta e dinâmica – processo com grandes benefícios, mas também com riscos em potencial.

As marcas passaram a ter que entender as lógicas das plataformas sociais e, agora, com uma nova onda, estão diante da necessidade de se relacionarem com plataformas gameficadas, mundos paralelos e corporações descentralizadas. Se já era um grande desafio lidar com o conteúdo gerado pelos usuários, agora as marcas terão o desafio de lidar com as decisões "corporativas" geradas pelos usuários.

O marketing precisa ser dinâmico, criativo e flexível, como reflexo de uma relação com os consumidores que se baseará cada vez mais em diálogo e experiências imersivas. Não bastará utilizar os canais digitais ou virtuais como vitrine de produtos e serviços, mas também de conduta e atendimento.

Isso certamente aumenta a carga de responsabilidade do marketing, pois, quando uma marca é amada, as pessoas demonstram isso de maneira extremamente próxima. Em contrapartida, quando os problemas aparecem, as reações costumam ser igualmente apaixonadas, só que com intensidade multiplicada.

O marketing estará cada vez mais conectado às dinâmicas dos negócios – quanto mais virtuais os negócios se tornarem, mais próximo o marketing estará dos resultados diretos.

Em meio a tantas incertezas, uma coisa é certa: as pessoas estarão cada vez mais conectadas e suas decisões de compra passarão cada vez mais pela Internet e pelo Metaverso.

É isso, em última análise, que interessa a quem trabalha com marketing. Trata-se de um campo em expansão, com muito potencial para o desenvolvimento de uma carreira bem-sucedida e realizadora. E o caminho para isso deve ser construído dia após dia.

No marketing, assim como na vida, não existe fórmula pronta de sucesso, receita de bolo, resultados milagrosos. É preciso conhecimento, trabalho e atenção o tempo todo.

Deve-se entender o público, analisar o cenário e ir adaptando as ações às diferentes mídias, plataformas e formatos. É como conduzir um navio, sempre de olho na direção do vento – e tentando escapar de tempestades, o que também é muito importante! Permaneça sempre atento às pessoas, no que elas pensam, no que elas desejam, no que elas manifestam.

A única forma de não sucumbir à dinâmica maluca de mudanças proporcionadas pela tecnologia é conectar-se ao humano.

8

QUEM SOU EU?

Muito prazer, sou Fernando Souza, consultor e professor de mídias sociais, marketing e Negócios Digitais. Vou contar um pouco da minha trajetória porque acredito que é um bom exemplo de como uma carreira pode ser desenvolvida.

Comecei a lidar com marketing digital no início dos anos 2000. Passei por diversas empresas e veículos, trabalhei em departamentos de marketing, integrei a equipe de algumas agências e tive minhas próprias agências antes de tomar a decisão de virar consultor. Melhor dizendo, toda essa trajetória foi uma grande preparação para a fundação da FS Consultoria & Treinamento.

Já fiz palestras, organizei workshops, prestei serviços e executei projetos para empresas importantes dos mais diversos setores, como *Microsoft*, Globosat, Editora Abril, Ticket, *Abbott*, Alpargatas, Votorantim Cimentos, Sabrina Sato, Weleda, Cidade Escola Aprendiz, Fundação Telefônica, Shopping Eldorado, Instituto Alana, Museu da Imagem e do Som (MIS), Editora Planeta, Comerc e Corinthians.

Dei aulas em cursos da São Paulo Digital School, do Istituto Europeo di Design (IED), da Fundação Instituto de Administração da Universidade de São Paulo (FIA/USP), da Escola Superior de Propaganda e Marketing (ESPM), da Pontifícia Universidade Católica de São Paulo (PUC-SP), da Faculdade Santa Marcelina (FASM), da Trevisan Escola Superior de Negócios e da Business School São Paulo (BSP).

Meu foco hoje, como consultor, é ajudar departamentos de marketing dos mais variados setores, agências e empreendedores a melhorar processos, estruturar e capacitar a equipe e desenvolver estratégias utilizando as ferramentas digitais.

De onde vim e como cheguei aqui? Sou paulistano, nascido em 1981. Meus pais são de pequenas cidades do interior de Minas Gerais. Como tantos brasileiros, os dois vieram buscar uma vida melhor em São Paulo. Primos de segundo grau, haviam se visto pela primeira vez quando crianças, lá em Minas, e se reencontraram em São Paulo. Mas o romance só engatou durante um Carnaval em Minas, pois ambos aproveitavam os feriados mais longos para visitar a família.

Sou filho único desse encontro. Como os meus olhos são miúdos e um tanto puxados, há quem imagine que eu tenha ascendência japonesa. Nada disso: trata-se de herança indígena, por parte de mãe. Já meus antepassados por parte de pai eram italianos e portugueses.

Minha mãe era secretária num escritório de advocacia e virou dona de casa para cuidar de mim, como era comum à época. Meu pai trabalhou numa fábrica de canetas. Depois montou uma barraca de feira com familiares e logo em seguida foi trabalhar como motorista. Dirigiu caminhão, Kombi e, durante um bom tempo, atendeu particularmente uma família.

Mudamos algumas vezes durante a minha infância, sempre entre a zona norte e zona leste. Embora São Paulo já fosse uma cidade muito grande, tive uma infância livre, de muitas brincadeiras na rua: pipa, taco, bola de gude, pião, skate. Não gostava tanto de futebol, mas acompanhava a turma, jogando sempre como goleiro ou zagueiro, posições reservadas aos menos habilidosos com a bola.

Foi nas artes marciais que me encontrei de verdade. Comecei a fazer caratê aos 6 anos. Depois, aos 13, descobri a capoeira, que se tornou parte importante do meu cotidiano e da minha formação. Estudava pela manhã e à tarde ia para a academia. Quando fiquei mais graduado na capoeira, virei assistente nas aulas para a molecada. Era gratificante. Nessa época, estava convicto de que me tornaria professor de Educação Física.

Sempre estudei em escola pública, mas era privilegiado em relação à maioria dos meus amigos e vizinhos. Muitos precisavam trabalhar enquanto estudavam – ou, pior, se viam obrigados a largar os estudos para trabalhar. Embora não estivesse sobrando dinheiro na minha casa, meus pais não exigiram que eu começasse a trabalhar cedo.

Quando terminei o colegial, no entanto, sabia que era preciso começar a ganhar meu próprio dinheiro para fazer as coisas que queria, sem ter que pedir para o meu pai e sobrecarregar o orçamento doméstico.

Fui me aproximando de uma turma que trabalhava na região da Galeria do Rock e da Bolsa de Valores de São Paulo. Isso me levou naturalmente a mexer com computador.

No final da década de 1990 – estava com 18 anos –, multiplicaram-se as demandas envolvendo a Internet, que vinha se popularizando rapidamente, apesar das limitações do acesso discado e do tempo contado para o uso. Sempre aparecia alguém querendo digitalizar um currículo, gravar um CD, construir uma homepage – que, naquele momento, era ainda um site estático, exibindo apenas os dados principais de uma empresa ou de um profissional.

O que as pessoas queriam era se sentir integradas à rede mundial de computadores, pois tinham ouvido falar que isso era importante. Era o futuro. Saíam, assim, à procura de quem poderia criar uma homepage. E chegavam a mim, um garoto iniciante que cobrava alguns trocados pela tarefa.

Eu criava o desenho básico e definia o endereço – normalmente em sites de hospedagem grátis, pois quase ninguém queria gastar dinheiro com isso. Cadastrava a homepage nos diretórios que, seguindo a lógica das listas telefônicas, tentavam organizar o conteúdo da Internet naqueles tempos anteriores ao surgimento dos buscadores, como o *Google*. Aos poucos comecei a entender de HTML, o que tornou minhas demandas mais complexas e, por consequência, mais bem remuneradas.

De frila em frila, consegui juntar dinheiro para incrementar o meu computador. Nessa época, os equipamentos "com marca" eram tão caros que estavam fora do alcance de gente comum. A alternativa era buscar as peças na Rua Santa Ifigênia, que já concentrava um grande número de lojas de artigos eletrônicos, para montar um computador – ou então comprar de alguém que fizesse esse trabalho e entregasse a máquina montada.

Mergulhei para valer no mundo dos computadores. Uma das consequências disso foi o meu afastamento dos esportes. Mas o novo mundo que eu descobria, enquanto passava horas e horas em frente ao teclado, também era encantador.

Quando terminei o segundo grau, queria fazer faculdade, mas sabia que minha base não havia sido boa o suficiente para disputar uma vaga nas universidades públicas. Sabia também que meu pai não teria como bancar os meus estudos numa instituição privada.

Os frilas que vinha fazendo eram até bem remunerados para os padrões de um jovem sem grandes obrigações financeiras, mas se tornaram cada vez mais raros. A concorrência cresceu rapidamente. Mais e mais pessoas estavam prestando "serviços de Internet".

Parti, então, em busca de novas oportunidades. Com os conhecimentos que tinha adquirido sobre o funcionamento de uma conexão de Internet, consegui uma vaga no *Speedy*, da Telefônica, para trabalhar numa área de vendas e atendimento. Naquele momento, Internet banda larga era algo tão novo e complexo para o consumidor final que demandava um conhecimento técnico considerável da equipe de vendas e de atendimento telefônico.

Enquanto continuava eventualmente desenvolvendo sites para os outros, tive a ideia de criar um site para mim. Era uma estratégia para testar os recursos que funcionavam bem e aqueles que não funcionavam tão bem.

Para criar o meu site, procurei um assunto com o qual tivesse afinidade e que poderia também oferecer alguma perspectiva de lucro. Como gostava de música e naquela época o chamado forró universitário estava estourando, optei por esse tema.

Criei o portal Pé de Serra, com informações e notícias, além de um fórum de aficionados que rapidamente se transformou num ponto de encontro e de interação, bem no espírito das redes sociais que iriam se popularizar nos próximos anos.

Meu envolvimento com o mundo do forró duraria alguns anos. O site não chegou a dar dinheiro, mas funcionou muito bem como laboratório – além de me proporcionar acesso a muitas baladas, benefício bem-vindo para quem estava na casa dos 20 e poucos anos.

A soma do salário com os frilas que continuava fazendo viabilizou a minha entrada na faculdade, aos 22 anos. Escolhi Publicidade e Propaganda por perceber que boa parte da demanda dos serviços de web design, a área que me interessava, vinha de agências de publicidade que intermediavam esse tipo de tarefa para seus clientes.

Calculei que seria um bom caminho ter uma noção mais ampla de Publicidade e Propaganda e estudar por conta própria a parte mais técnica do web design. Olhando em retrospectiva, tenho certeza de que foi uma boa decisão.

Ingressei numa instituição de ensino pequena, a Piratininga, que fecharia as portas no meio do curso. Consegui levar os créditos para concluir a formação na Uninove, como é conhecido o Centro Universitário 9 de Julho.

Sem querer fazer trocadilho e já fazendo, minha passagem pelo *Speedy* foi rápida. Quando surgiu uma oportunidade de ir para o Terra, numa proposta de trabalho semelhante, não pensei duas vezes. Tratava-se de um dos maiores provedores de Internet e hospedagem de sites empresariais no país, ao lado da Locaweb e da *BigHost*.

Também não fiquei muito tempo por lá, pois estávamos no período que ficaria conhecido como "bolha da Internet", em que surgiam a todo o momento propostas para trabalhar em empresas da chamada Nova Economia.

Fui para a *BigHost*, que estava recebendo investimentos de um banco. Ali tive uma experiência mais ampla, em que Comercial e Marketing funcionavam de forma integrada. Eu fazia vendas e resolvia problemas dos clientes. Na prática, era como um pequeno gerente de contas, o que me deu uma boa visão geral do negócio.

Mesmo com os empregos, os frilas de desenvolvimento de sites continuavam chegando. Gostava bastante desses *jobs*, até que resolvi me dedicar integralmente ao que até então vinha tratando como plano B: fui trabalhar numa agência como web designer.

Foi muito importante, para a minha formação profissional, ter todas essas experiências práticas enquanto estudava as teorias na faculdade. Um aspecto complementava muito bem o outro.

Em meados da década de 2000, o advento do *Orkut* chamou a atenção para um novo universo, o das mídias sociais. Começavam a nascer as equipes de marketing digital, mas as primeiras iniciativas nesse campo parecem extremamente ingênuas se analisadas hoje.

As empresas passaram a contratar *websurfers* para coletar informações e, aproveitando que já estavam navegando pela Internet, postar informações que de alguma forma pudessem ser favoráveis à marca. Eram tentativas disfarçadas de influenciar as discussões em fóruns ou nos comentários de notícias. Antes do advento dos *bots*, era tudo feito manualmente, na unha.

Como eu acompanhava o *ICQ*, blogs e fóruns de discussão, comecei a ficar de olho nesse movimento de socialização da web. Eu já conhecia bem o potencial desse universo por experiência própria, pois havia conhecido muita gente on-line e feito boas amizades.

Em 2006, quando surgiu o *Twitter*, logo percebi o potencial da plataforma. Era um formato novo, rápido e dinâmico. Notícias quentes e tendências despontavam primeiro ali. Foi assim que conheci a jornalista Raquel Camargo e constatamos, juntos, que ninguém estava falando em profundidade sobre o *Twitter*.

Criamos um blog sobre o tema. Entramos em contato com a matriz do *Twitter* nos Estados Unidos e recebemos até o aval para utilizar o nome *Twitter Brasil*, que vigorou durante um bom tempo – mais tarde, a permissão seria revogada pelas mudanças de políticas de uso de marca.

A também jornalista Gabriela Zago logo se juntaria ao time. Com duas parceiras jornalistas, conseguíamos produzir um bom conteúdo, quase diário, sobre o funcionamento do *Twitter*, com dicas práticas.

Graças aos contatos que fizemos com a equipe do *Twitter* e com o ecossistema em torno da plataforma, passamos a obter informações exclusivas, em primeira mão. Colocamos banners para pagar os custos de hospedagem e registro de domínio, o que me permitiu um contato direto com a dinâmica de *publisher* e o entendimento maior sobre formatos de mídia, rotatividade de banners e inventário.

Logo começamos a ter lucro com o *Google Adsense*, já que alcançamos números incríveis de acessos por mês. O projeto cresceu tanto a ponto de sermos convidados pelo *Fantástico*, programa da Rede Globo, para explicar como o *Twitter* funcionava, numa reportagem programada para a semana em que a emissora estava lançando seu perfil na plataforma. Posso dizer que literalmente me sentei em uma mesa de bar para tomar uma cerveja com o Zeca Camargo em rede nacional.

Durante um tempo cheguei a me dedicar exclusivamente ao blog, mas ele perderia força gradualmente, principalmente porque a mídia tradicional começou a falar bastante do *Twitter*. Fomos diminuindo nossa dedicação na mesma proporção, em razão de outros afazeres.

Em paralelo ao blog, em 2008, comecei a coordenar a equipe de criação da Pólvora, uma das primeiras agências voltadas exclusivamente às mídias sociais. A agência foi fundada pelo Edney Souza, conhecido como "Interney", reconhecido como um dos principais profissionais brasileiros das mídias sociais.

Quando saí da Pólvora, recebia tantos pedidos de frilas que montei uma equipe para dar conta da demanda. Esse processo levou à criação da Pardal.ag, minha primeira agência, em 2009.

Para me preparar para essa jornada de ter uma agência, fiz dois excelentes cursos do Sebrae: Aprender a Empreender e Empretec, que me ensinaram muito sobre empreendedorismo e como gerir uma empresa. Chegamos a ter cinco pessoas com dedicação exclusiva, além de alguns projetos que exigiam a contratação de até 20 profissionais.

Era a sequência de uma tendência iniciada na Pólvora, onde eu já coordenava uma equipe. Fui aprendendo a ser gestor de pessoas na prática e com o apoio de muitas leituras – como *O Monge e o Executivo*, que hoje pode até soar um tanto clichê, mas que me ajudaram bastante naquele período.

Um dos principais clientes da Pardal.ag era a RedCube – agência que, depois de ter sido criada com um viés mais de desenvolvedora de sites, havia ampliado as atividades. Decidimos então que seria uma boa ideia juntar as equipes, para trabalhar com mais sinergia.

Virei diretor de mídia, tendo, entre as atribuições da minha equipe, a compra de mídia, tanto on-line quanto off-line, além de toda a parte de produção de conteúdo para mídias sociais e de SEO. Atendíamos clientes grandes. Deixei totalmente a parte do desenvolvimento e assumi a gestão estratégica da área de mídia, processo fundamental para o meu amadurecimento como profissional.

Saí da RedCube em 2014 para montar minha consultoria. A partir daí, agreguei ao meu portfólio de serviços as aulas e palestras, atividades que já vinha desenvolvendo paralelamente desde 2010.

Na consultoria, a equipe é flutuante, organizada por projeto. São profissionais com bons anos de experiência no mercado, muitos dos quais também professores. Dessa forma, conseguimos ter excelentes parceiros para as missões mais complexas.

O foco da consultoria é 100% estratégico. Não fazemos nada da parte tática. Isso acontece também no meu próprio trabalho, até mesmo em meus canais – tanto no site quanto nas mídias sociais, tenho profissionais contratados para executar o tático.

Quando revejo a minha trajetória, acredito que o principal ensinamento que posso extrair dela é a importância de ter sempre um plano B em andamento. Várias vezes, no meu caminho, o plano B acabou tomando o lugar do plano A. Não foram rupturas abruptas, de um dia para o outro, e sim processos.

Uma porta vai abrindo a outra. Uma fonte de receita e de satisfação profissional vai dando lugar a outras. Por isso continuo sempre pensando em planos B para ir desenvolvendo aos poucos, junto com as minhas atividades principais.

Este livro nasceu com a ideia de ajudar você a ter sucesso no plano A e inspirá-lo a desenvolver seus planos B, a buscar novos desafios, a transitar gradualmente do tático para o estratégico. Não importa se no mundo físico ou virtual, não importa em que etapa desse processo você está: o que importa é dar passos diários na direção do crescimento profissional.

Neste momento de transição, a Web é mais que o plano A e o B: é quase a representação de uma Vida A e uma Vida B. Todos nós estamos sendo apresentados a esse novo cenário. Temos uma onda gigante de oportunidades para surfar, novos mundos para descobrir. Espero que, ao longo desse bate-papo, eu possa ter de alguma forma inspirado você e contribuído para os seus próximos passos.

Não se esqueça de que o ser humano e a socialização são os grandes motores de tudo isso!

Te vejo no mercado!

Um grande abraço e até a próxima!

Fique à vontade para me procurar, mandar mensagens, esclarecer dúvidas, trocar ideias!

falecom@fernandosouza.com.br
http://www.fernandosouza.com.br
https://www.instagram.com/fernandosouza/
https://www.linkedin.com/in/falecomfernandosouza/